JN086954

ChatGPT Biz Hacks:
The Ultimate Guidebook

イサヤマ セイタ著

仕事の悩みを解決する
プロンプトの決定版

ChatGPT

ビジネス活用

アイディア事典

SB Creative

本書に関するお問い合わせ

この度は小社書籍をご購入いただき誠にありがとうございます。小社では本書の内容に関するご質問を受け付けております。本書を読み進めていただきます中でご不明な箇所がございましたらお問い合わせください。なお、お問い合わせに関しましては下記のガイドラインを設けております。恐れ入りますが、ご質問の際は最初に下記ガイドラインをご確認ください。

ご質問の前に

小社 Web サイトで「正誤表」をご確認ください。
最新の正誤情報をサポートページに掲載しております。

▶ **本書サポートページURL**
URL https://isbn2.sbcr.jp/26792/

上記ページの「正誤情報」のリンクをクリックしてください。なお、正誤情報がない場合、リンクをクリックすることはできません。

ご質問の際の注意点

・ご質問はメール、または郵便など、必ず文書にてお願いいたします。お電話では承っておりません。

・ご質問は本書の記述に関することのみとさせていただいております。従いまして、○○ページの○○行目というように記述箇所をはっきりお書き添えください。記述箇所が明記されていない場合、ご質問を承れないことがございます。

・小社出版物の著作権は著者に帰属いたします。従いまして、ご質問に関する回答も基本的に著者に確認の上回答いたしております。これに伴い返信は数日ないしそれ以上かかる場合がございます。あらかじめご了承ください。

ご質問送付先

ご質問については下記のいずれかの方法をご利用ください。

> **Web ページより**

上記のサポートページ内にある「お問い合わせ」をクリックすると、メールフォームが開きます。要綱に従って質問内容を記入の上、送信ボタンを押してください。

> **郵送**

郵送の場合は下記までお願いいたします。

〒105-0001
東京都港区虎ノ門2-2-1
SBクリエイティブ　読者サポート係

■ 本書で紹介する内容は執筆時の最新バージョンであるChatGPT-4omniの環境下で動作するように作られています。
■ 本書内に記載されている会社名、商品名、製品名などは一般に各社の登録商標または商標です。本書中では®、™マークは明記しておりません。
■ 本書内の文章および画像の1部はChatGPTをはじめとする生成AIによって作成され改変されたものが含まれています。
■ 本書の出版にあたっては、正確な記述に努めましたが、本書の内容に基づく運用結果について、著者およびSBクリエイティブ株式会社は一切の責任を負いかねますのでご了承ください。

©2024 Seita Isayama　本書の内容は著作権法上の保護を受けています。著作権者・出版権者の文書による許諾を得ずに、本書の一部または全部を無断で複写・複製・転載することは禁じられております。

はじめに

　数ある生成AI関連書籍の中から本書を手に取っていただきありがとうございます。本書はタイトルの通りChatGPTをビジネスに活用する際のアイディアをまとめた1冊です。

　本書の執筆を行っている現在、ChatGPT-3.5がリリースされてから約1年半が経過し、OpenAI以外でも文章生成AIサービスを提供する会社が次々と登場しました。また、それに呼応するようにChatGPT自体も機能の拡張や新たなモデルをリリースするなど目まぐるしく状況が変化しています。

　そんな新しい情報が日々あふれかえる中で、多くの方が抱えているであろう、「生成AIを自分の仕事で生かすにはどうしたらいいんだろう？」という部分に着目し、その悩みを解決するための糸口となるような活用方法を、できるだけ一般的なプロンプト例に落とし込み、実際の生成AIでの挙動も検証しながら丁寧にまとめました。

　本書で取り扱っているプロンプトの情報そのものは今よりもはるかに優秀なAIが出現すれば、もはや不要なものになるかもしれません。一方で、これからビジネスの場面で共存していくAIの特徴を正しく理解し、その活かし方を学んでおくことはこの先長く役立つ強力なスキルになると考えています。そのような視点からも生成AIとビジネスについての考え方も解説していますので、是非とも本書を仕事場のデスクに置いて、生成AIを使うヒントが欲しくなった際に見返してもらえると幸いです。

　企業によっては既に社内用の生成AIアプリケーションを実装して活用しているというニュースも報じられていますが、今後もっと大きな変化が訪れるのは生成AIが組み込まれたパソコンやスマートフォンが一般に普及するタイミングでしょう。今、私たちがリアルタイムで体験している生成AIの誕生と普及は、これまでビジネスのあり方を大きく変化させたパソコン、インターネット、スマートフォンの普及に並ぶ大きなビジネスの転換点です。そのあまりにも大きな変化が訪れる前に少しでも生成AIに触れ、その使い方を知ることが環境の変化に対応しビジネスを成功へと結びつけることになるでしょう。

　本書が少しでも読者の皆様のお役に立てることを願っております。

2023年7月吉日

イサヤマ セイタ

本書の使い方

まずは **Chapter 1** から順番に読んでいくことをおすすめいたします。ChatGPT をはじめとする文章を生成するタイプの AI サービスについてその特徴と活用のポイントを分かりやすく解説しています。

Chapter 2 以降は実際に ChatGPT で利用するための AI への入力指示（プロンプト）について解説しています。

⚙ User Prompt

ChatGPT に入力するプロンプトの例です。生成 AI の出力をコントロールする上で大事なポイントとなる部分は色を付けて表示しています。

⚙ Answer Sample

ChatGPT にプロンプトを入力した際の回答例です。生成 AI の特性上、お使いのモデルや条件によって出力される回答は異なります。プロンプトの重要な指示が対応している部分には色を付けて表示しています。

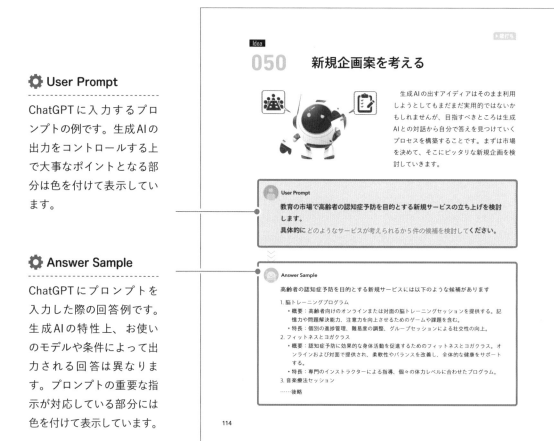

Idea

050   新規企画案を考える

生成 AI の出すアイディアはそのまま利用しようとしてもまだまだ実用的ではないかもしれませんが、目指すべきところは生成 AI との対話から自分で答えを見つけていくプロセスを構築することです。まずは市場を決めて、そこにピッタリな新規企画を検討していきます。

User Prompt

教育の市場で高齢者の認知症予防を目的とする新規サービスの立ち上げを検討します。
具体的にどのようなサービスが考えられるか5件の候補を検討してください。

Answer Sample

高齢者の認知症予防を目的とする新規サービスには以下のような候補があります

1. 脳トレーニングプログラム
   ・概要：高齢者向けのオンラインまたは対面の脳トレーニングセッションを提供する。記憶力や問題解決能力、注意力を向上させるためのゲームや課題を含む。
   ・特長：個別の進捗管理、難易度の調整、グループセッションによる社交性の向上。
2. フィットネスとヨガクラス
   ・概要：認知症予防に効果的な身体活動を促進するためのフィットネスとヨガクラス。オンラインおよび対面で提供され、柔軟性やバランスを改善し、全体的な健康をサポートする。
   ・特長：専門のインストラクターによる指導、個々の体力レベルに合わせたプログラム。
3. 音楽療法セッション
……後略

114

付録では、ChatGPTを特定タスクに特化させたGPTsについて、使い方と作り方を解説しています。また、本書はChatGPTの機能を基準に執筆されていますが、プロンプトや活用アイデアは他のLLMサービスでも利用することができます。そのため、Googleが提供しているGeminiおよびAnthropicが提供しているClaudeの使い方と、よりプロンプトについて知りたい方のためにプロンプト共有サービスについての情報も付録に収録しています。

また、Idea050から054を通じて行うことで、1つの新規企画案を考えて販売するまでの戦略をChatGPTと対話しながら考えていけるようになっています。ぜひ順番に進めながら対話型生成AIの使い方を体験してみて下さい。続いては、製品化のアイデアがあるが市場が見つからない場合のパターンを試してみましょう。

> **Tips : 対話形式で自分の考えをまとめる**
> アイディア出しとしての生成AIの使い方としては、条件を指定して「複数個の案を考えて下さい」といった形が一般的かもしれませんが、AIとの対話形式で出力に対してフィードバックを返していくことで、その最中に自分の中でも考えがまとまることがあります。どんなことでも相談できる相手として最大限活用していきましょう。

User Prompt
**生成AIを利用したキャラクターチャットサービスを検討しています。
このサービスが既存のどの市場に参入できるか検討してください**

Answer Sample
AIを利用したキャラクターチャットサービスが参入できる市場はいくつかあります。
それぞれの市場における可能性とその利点を検討してみましょう。

1. エンターテイメント市場
 ・対象顧客：ゲームプレイヤー、アニメ・マンガファン、映画ファンなど
 ・利点：
  ・キャラクターの深い対話体験を提供し、ファンの没入感を高める
  ・ゲームや映画のプロモーションツールとして活用可能
  ・インタラクティブなストーリーテリングを実現
2. 教育市場
 ・対象顧客：学生、教育機関、オンライン学習プラットフォーム
 ・利点：
  ・学習内容を面白く、インタラクティブにすることで学習意欲を向上
  ・特定の歴史人物や科学者などのキャラクターを利用して、教科内容を分かりやすく説明
  ・言語学習における会話練習ツールとして利用可能

……後略

115

Chapter 4

⚙ Tips

各ideaのテーマに関連するChatGPTをビジネスで活用する上で役立つノウハウや特に気を付けておくべき点についてまとめています。

Contents

Chapter 1

ChatGPT を始める …………………………………… 19

Chapter 2

文章・資料を作成する ················· 45

文章生成

Chapter **3**

文章・資料の修正と変換 ……………………………… 77

Chapter **5**

情報を検索する

ダウンロードファイルについて

本書ではChatGPTへ入力するサンプルファイルを以下のサポートページからダウンロードできます。必ず注意事項および使用規約をご確認の上でダウンロードしてご利用下さい。

URL https://www.sbcr.jp/support/4815617851/

本書で紹介しているプロンプトを試す際に、実際のファイルを利用できない場合はサンプルファイルを入力して実行してください。本書に記載されているプロンプトおよびサンプルファイルの内容は執筆時点でOpenAIが公開している2024年6月のChatGPT-4oモデルを利用した環境で考案および動作検証されています。今後のサービス内容の変更や生成AIの特性により、解説と大きく異なる回答が出力される可能性があります。

〈注意事項および使用規約〉
ダウンロードしたファイルについては以下の行為を禁止します。

- 生成AIのプロンプトの検証以外での使用
- ファイルの再配布、および一部改変したファイルの再配布
- 公序良俗に反するコンテンツにおける使用
- 違法、虚偽、中傷を含むコンテンツにおける使用
- その他著作権を侵害する行為

また、ダウンロードしたデータの使用により発生した、いかなる損害についても、著者およびSBクリエイティブ株式会社は一切の責任を負いかねますのでご了承下さい

Chapter

1

ChatGPT を始める

まずはパソコンのブラウザやスマートフォンのアプリでChatGPTを使ってみ
ましょう。一度アカウント登録しておけば、様々なデバイスで使用すること
ができます。さらに、ChatGPTをはじめとする大規模言語モデル（LLM）を
使いこなすコツを知っておきましょう。

❝ ChatGPTの基本について ❞

ここではこれから利用するChatGPTと、そのもととなっている大規模言語モデル（LLM）と
呼ばれる技術について、知っておくと役立つ内容を簡単に解説します。

▮ ChatGPTとは

ChatGPTとはOpenAIが公開・提供している、大規模言語モデル（LLM）を利用した
チャット形式型の生成AIサービスです。現在、インターネットブラウザもしくはアプリを
通じて利用することができ、2024年4月時点で世界中の1.8億人が利用しています。

ChatGPTで何ができるのか

　ChatGPTはGPT（Generative Pre-trained Transformer）と呼ばれるテキストを中心とした大量の学習データによる事前学習を行ったモデルに対して、チャット形式のやり取りを追加学習させることによってユーザーの入力に対して自然な受け答えを出力することができるようになったものです。私たちはインターネット通信を介してChatGPTに対する入力を行い、演算が行われて生成された出力を確認することで利用することができます。

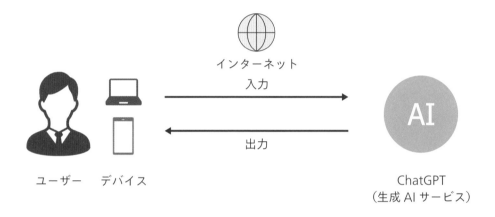

　主な利用方法としては、文章の生成や校正、会話、翻訳やデータ整形などのテキストを中心としたタスクです。さらに、提供が開始された最新モデルChatGPT-4oと呼ばれるモデルでは音声会話や画像認識といったタスクにも対応しています。また、ChatGPTを利用したサービスとして、専用のタスクに特化させたGPTs（P.188参照）と呼ばれる機能も提供されており、本書で解説するようなアイデアを含め様々な使い方が検討されています。

入力できるもの	出力できるもの
▶ テキスト	▶ テキスト
▶ 画像	▶ 画像（DALL・E）
▶ 音声（テキスト化）	▶ 音声（読み上げ）
▶ CSV や PDF 形式のファイル	▶ CSV や PDF 形式のファイル

" LLMの基本について "

大規模言語モデル（LLM）と現在のAI技術のベースとなっている深層学習（ディープラーニング）について知っておくべき概要を解説します。

LLMの原理とは

そもそもChatGPTなどLLMに分類される生成AIとは**深層学習（ディープラーニング）**と呼ばれる機械学習の技術を利用したものです。入力に対して答えがあらかじめ用意されているルールベース型とは異なり、学習した膨大なデータから文章と単語の関係性や出現する確率を学習することで、様々な入力に対してもっともらしい回答を生成することができます。

特に今のLLMのベースとなっているのはTransformerと呼ばれる変換器で、入力されたテキストをトークンと呼ばれる最小単位に分割し、それぞれの関係性を元に多次元ベクトルの情報へと変換（エンコード）します。この情報から次に続く確率が高いトークンを予測し最後はテキストへと再度変換（デコード）することで文章の生成を行っています。

ここ数年の爆発的な生成AIの発展は、このTransformerという技術による影響が大きく、従来とは異なるSelf-Attentionと呼ばれるメカニズムを獲得したことにあります。Transformerは入力の各トークンが他のすべてのトークンとどの程度関連しているかを計算することができるようになったため、これまでよりも文脈をより深く理解して文章全体の整合性を保つことができます。また、この計算が並列処理できるようになったことで、GPUなどの高性能なハードウェアを利用して膨大な量の学習が可能になったことも高い精度の生成AIが次々に生まれてくる要因となっています。

▶ LLMの性質を知っておこう

　ここまでの説明であったように、ChatGPTを含むLLMと呼ばれる技術は入力したテキストと事前学習した内容に大きく依存したものであるということが分かります。したがって、生成されたテキストはこれらの要素の影響を大きく受けており、必ずしも正しい回答を出力しているわけではないことに注意が必要です。この生成AIがもっともらしいが事実とは異なる出力を行う現象を**ハルシネーション**と呼びます。

　また、事前学習が必要となる点から学習内容に依存したバイアスが発生することも知られています。例えば、GPTの学習に利用されたテキストデータの大部分が英語であり、日本語をはじめとする様々な言語において回答の正確性が劣っていたり、バックグラウンドにある文化の理解も英語圏のものに偏っているといった問題を抱えています。

　現在ChatGPTを提供するOpenAIをはじめ、多くの生成AIプロダクトを提供する企業がこのハルシネーションとバイアスを可能な限り減らすために、事前学習に用いるデータの整備（データクレンジング）や有害な情報の入力の除外（フィルタリング）などを行っており、より便利で安全に利用することができるサービスの提供に向けて研究が続けられています。

▶ ライセンスを確認しよう

　また、日本では生成AIを利用するにおいて、「著作権をはじめとする他者の権利を侵害しないか」と「使用するAI（サービス）のライセンスを順守しているか」という点にも注意が必要です。特にライセンスに関しては、意図して確認を行わないと見逃してしまったり、サービスによっては変更されることもあります。本書で解説するChatGPTのライセンスも途中で変更されたことがあり、今後も各国の立法や世論の影響を受けて変化することが考えられますので忘れないようにしておきましょう。

"ビジネスで期待される生成AIの活用とは"

ここではChatGPTをはじめとする生成AIをビジネスで活用するために知っておくべき特徴と向き合い方について簡単に解説します。

▶ビジネスにおける生成AI

これらのことを踏まえるとChatGPTを含む生成AIをビジネスで活用するのは一見難しいように感じられるかもしれません。しかし、特性を理解した上で活用することができれば自分がプロジェクトのリーダーのように生成AIにタスクを与えて業務を実行させていくようなことが可能になりつつあります。本書ではChapter2以降でその具体的な活用方法のアイデアとプロンプト（入力テキスト）の事例を解説していきます。

現在、日本では少子高齢化が進み今後も労働生産人口も減少の一途をたどることは、もはや避けられません。日本政府もこれを解決するための手段として生成AIの活用を促進しており、生成AIに関する法整備や関連企業への投資が進んでいます。さらにMicrosoftやGoogle、Metaをはじめとする大企業や数多くのスタートアップ企業が独自の生成AIモデルのサービスを提供しており、APIなどを利用することで様々なサービスにも組み込むことが可能となっています。直近ではあのAppleも自社のデスクトップやiPhoneに搭載することを発表しています。

このような状況を鑑みると、もはや生成AIは現在のメールやブラウザのように今後の私たちのビジネスツールの1つとして当たり前に存在していくことが予想されます。これまでパソコンやインターネット、スマートフォンなどの普及によって大きくビジネスのあり方が変わったように、私たちは生成AIの登場という次の変換期を迎えていると考えられるでしょう。これを有効に使わない手はありません。

生成AIの活用の基本

　ここからは生成AIをビジネスで活用する上でしっかりと理解して起きたい4つのポイントについて解説していきます。これらのポイントを守ることは生成AIを最大限業務に活用し、今後の働き方を大きく変えるヒントとなることでしょう。

生成AIビジネス活用の基本

▶ 前工程で利用する
▶ 責任は使用者が負う
▶ 学習データとして提供は避ける
▶ 社内のプロジェクトとして導入する

前工程で利用する

　ChatGPTを含む生成AIではハルシネーションとバイアスという問題が避けて通れないため、出力したテキストをそのまま直接利用することは避けた方が良いでしょう。理想的なのは生成AIを自分がリーダーのプロジェクトのメンバーとして迎え入れることです。すなわち、リーダーである自分がその業務成果を確認して評価や、フィードバックを行い最終的な成果へと仕上げる必要があるのです。

　また、時には上司役や同僚役のように意見出しをサポートしてもらったり、客観的な評価をもらって修正することに活用することもあるかと思います。その際も最終工程としては使用者をはじめとする人間のチェックや作業を介在させるようにしましょう。

　一方で前工程に使用することによって、新たに生まれるメリットもあります。これまでデメリットであったハルシネーションが斬新なアイデアになるなど不正確さによる揺らぎを新たな視点の獲得に昇華させることができます。このように生成AIの特徴を理解した上で業務上の適切な位置に組み込むことが求められます。

▶ 責任は使用者が負う

　　各生成AIサービスはあくまで、入力に対して確率的にもっともらしい出力を返すサービスを提供しているに過ぎません。ここを勘違いして、**「AIであれば正確な回答が返ってくる」という前提で使用してしまうと重大な事故につながる可能性があります。**各サービスの利用規約を確認しても、その正確性を保証するようなサービスは存在しません。

　　あくまで生成AIは道具でありその使用責任は自分にあります。したがって、生成AIには業務全体を任せるのではなく、細かくタスク分解しその一部を実行させるという使い方が適していることに気付きます。特に、人間が実行すると長い時間がかかったり、多くの試行回数が必要となるようなタスクを実行するのに適していると言えるでしょう。

　　また、判断材料として利用するために出力の根拠となるような出典元の情報を要求することもできます。このように自身の業務をタスク分解して、どのようなレベルの業務であれば不正確性があっても任せられるのか、リスクと業務効率化を天秤に載せて事前に決めておく必要があります。

　　当然人間もミスを起こすので、いつの間にか実はAIに任せてしまった方が正確という現実が来るのかもしれませんが、実体のないAIと違って人間には責任を取るという仕事だけはいつまでたってもなくならないのかもしれません。まさに部下に仕事を任せるようなイメージがピッタリです。いつもはただ判子を押しているだけに見える上司も実はこういったマネジメントに日々追われているのかもしれません。

▶ 学習データとしての提供は避ける

　　生成AIサービスによっては入力したデータを学習データとして利用するという設定や、その内容が利用規約に含まれている場合があります。学習データがそのまま出力されることは生成AIの特性上、非常に稀ですが、ここでは学習データとしてサービス提供企業のサーバーに残ってしまうことの方が問題です。

　　今日、情報流出は重大なインシデントとしてどの企業も経営層や情報システム部門が頭を悩ませている内容です。これまでは情報流出といえば、ずさんなアクセス権管理やイン

ターネットを介したマルウェア感染などに対して、あくまで受け身型の対応をしていればその大部分を防ぐことができていました。

　一方で、今後は生成AIサービスに学習可能なデータとして、社外秘の文章や顧客の会員情報などの機密情報を入力してしまう自発的な情報漏洩のリスクが急激に増加したと考えられます。これらを避けるためにサービスの利用前に規約はしっかりと確認し、関連する設定がある場合は学習データとしての提供を拒否する必要があります。

　もしくは、秘密情報にあたる部分を入力しないように何らか別の数字やダミーテキストに置き換える方法もありますが、その負担やリスクを考えるとあまりお勧めできる利用方法ではありません。またここまでの内容はあくまで利用する個人が気を付けなければいけない内容でしたが、後述するように社内のプロジェクトとして管理することも有効です。

社内のプロジェクトとして導入する

　生成AIの導入を社内プロジェクトとして行う明確な理由として、ナレッジの共有とシステムによる事故防止の2つのメリットがあります。

　まず、どの業務にあたっても生成AIの利用は個人の手探りで始めることになるでしょう。その中で必ず使い方の適性が高い人物が出現します。その人が見つけたノウハウを共有することで組織全体での活用が推進されます。これは車輪の再発明を防ぎつつ社内で活用する方向性を決める上でも重要です。

　また、一般に多くの企業では生成AIを使ってこれまでにない画期的な利用方法というものを開発するのではなく、現在の業務の最適化に利用することが想定されます、その場合、その成果は多くの部署に水平転換できる内容のことが多く、共有した内容をさらに発展させることで利用を促進することに繋がります。

　次にシステムによる事故防止です。ここまで解説してきたように個人管理にしてしまうとリスク許容度の違いや使用者の認識の違いによって重大な事故を引き起こす可能性があります。一方で、今後も様々な部分に組み込まれる生成AIを全面禁止するのは、ほぼ不可能に

近いと言えるでしょう。ルールで禁止するだけでは事故は防げません。システムとして事故を防止する仕組みの構築が必要です。

　具体的には、業務中に利用する生成AIサービスを社内で限定し、それを積極的に活用するように環境を整備していくことが求められます。例えばMicrosoftが企業向けに提供しているAzure OpenAI APIを利用したChatGPTモデルなどを組み込んだ社内アプリの提供や、特定のタスクに特化させたGPTsを利用するなどが考えられます。

▶ どのようなタスクが生成AIに最適なのか

　このような形でポイントを押さえたうえでビジネスに活用していくことができれば、最新テクノロジーを業務に生かして様々な恩恵を得られることでしょう。活用のポイントを理解したところで、最後に生成AIを活用するのに適したタスクの特徴を以下にまとめます。

生成 AI ビジネス活用に適したタスク

- ▶ 正確性が必要ないタスク
- ▶ 人間が行うと負担が大きいタスク
- ▶ 状況の整理が必要となるタスク

　まずは自身のタスクを振り返って、このような特徴があるものから中心に生成AIの活用を始めてみて下さい。一方で筆者をはじめ多くの人が気付いていないような画期的な使用方法がまだまだたくさん眠っていることでしょう。ぜひそのような使い方を発見したら社内や所属コミュニティ、プロンプト共有サイト（P.207）などでシェアして下さい。より多くのビジネスマンが生成AIを活用して、今よりも高速で質が高い仕事ができるようになることを願っています。

❝ ChatGPT に登録しよう（ブラウザ版）❞

ここでは本書で解説していく ChatGPT を使う準備を行います。まずはパソコンで利用することを想定し、ブラウザ版での登録方法を解説します。

ブラウザ版の特性

　ビジネスシーンを考えると基本的にはブラウザ版の ChatGPT を利用することが多いでしょう。特にマルチモーダル化が進んだ ChatGPT-4 以降のモデルではドキュメントや表形式ファイルなどをパソコン上で編集し、それを入力するという使い方がますます主流になってきています。本書でもブラウザ版を想定した内容になっているため、まずはこちらを利用することをおすすめします。

OpenAI アカウントを作成する

公式サイト（https://openai.com/）へアクセスし、［Try ChatGPT］❶をクリックします。

ページが遷移したら、続いて［Sign up］❷をクリックします。

［Create your account］の画面が表示されたら、利用するメールアドレスを入力し［続ける］❸をクリックします。もしくは既に利用しているGoogleアカウントなどがあればその情報でも登録することができます。

［パスワード］欄に条件を満たすパスワードを入力
して、［続ける］❹をクリックして設定します。こ
れでアカウントの作成ができました。続いて利用
するための認証を進めていきます。

▶ OpenAI アカウントの設定

登録したメールアドレスに送信された認証確認の
メールを開きます。メール本文に埋め込まれてい
る［Verify email address］❶をクリックして認証
を進めていきます。メールが届いていない場合は
登録したメールアドレスを確認して再度送信しま
しょう。

ブラウザでアカウント設定のページが表示される
ので［Full name］欄に姓と名、［Birthday］欄へ生
年月日をそれぞれ入力し、［Agree］❷をクリック
します。

すると基本の画面が開いて、基本的な注意事項が表示されます。[Okay, let's go] ❸ をクリックするとすぐに利用することができます。

▶ 有料プランに登録する

ChatGPTの機能を最大限利用するためにこのまま有料プランへの登録を解説していきます。まず無料版で利用して試したい場合は、このままでも利用することはできますのでスキップして読み進めて下さい。

画面左下に表示されている [Upgrade plan] ❶ をクリックします。

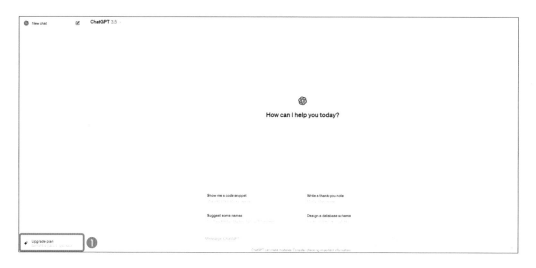

プランの詳細が表示されます。個人で利用する場合は [Plus] を選択しましょう。組織などで複数のメンバーで利用する場合は [Team] を選択します。利用したい機能と値段を確認しておきましょう。ここでは [Plus] を選択したものとして進めていきます。

最後に支払い手段として支払い情報とクレジットカード情報を入力し、[申し込む] ❷ をクリックすれば決算が行われて有料プランへの登録が完了となります。

ChatGPTに登録しよう（スマートフォン版）

続いてChatGPTをスマートフォンで使う準備を行います。ブラウザ版でアカウントを作成している場合はログインのみですぐに利用することができます。

▶ スマートフォン版の特性

　スマートフォン版も基本的にはブラウザ版と同じ機能があります。したがって多くの場合は、サブ端末としての利用シーンが想定されます。その中で小さな端末であることのメリットとしては、移動中でも利用しやすいという点と様々な形式で入力しやすいという点が挙げられます。

　特に、マイクによる入力やカメラによる画像入力はブラウザ版よりも手軽に行うことができるのは非常に使い勝手がよく、今後の音声チャット機能の実装を想定すると今後はこちらの形式をメインで利用する職業の方々も増えてくるかもしれません。

▶ OpenAIアカウントを作成する

Apple Store（Androidの場合はGoogle Play）にて[Chat GPT] ❶を検索してダウンロードします。

アプリのダウンロードが完了したら、アプリを開
いて [Sing up with email] ❷をクリックします。

[Create your account] に、使用したいメールア
ドレスを入力して、[続ける] ❸をクリックします。

続いて、[パスワード] 欄に利用したいパスワード
を入力し、[続ける] ❹をクリックします。

[Verify your email] 画面に遷移し、登録したメールアドレスに認証メールが送信されます。認証メールが届いているか確認しましょう。送信されていない、またはもう一度送りたい場合は [Resend email] をクリックします。

Sign out

Verify your email

We sent an email to s1311213kento@gmail.com. Click on the link inside to get started.

Open Mail App

Resend email

▶ OpenAI アカウントを作成する

自身のメールボックスを開き、[OpenAI - Verify your email] というタイトルのメールを開きます。その後メールに埋め込まれている [Verify email address] ❶をクリックします。

⑤ OpenAI

Verify your email address

To continue setting up your OpenAI account, please verify that this is your email address.

Verify email address

This link will expire in 5 days. If you did not make this request, please disregard this email. For help, contact us through our Help center.

ブラウザが立ち上がり、[Email Verified] と表示されれば、メールアドレスの認証完了となります。

Email verified

Your email was verified but you are no longer authenticated. Please return to the device where you began sign up and refresh the page, or login on this device to continue.

Please contact us through our help center if this issue persists.

ChatGPTのアプリに戻り、設定の続きを進めていきます。[I've verified may email] ❷ をクリックします。

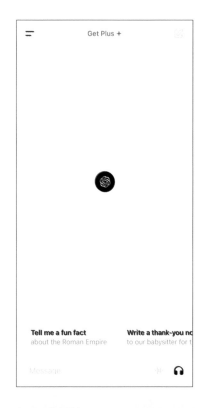

❷　I've verified my email

[First name] に名、[Last name] に姓をそれぞれ入力し、登録者の生年月日を入力設定したら[Continue] をクリックします。これで設定も完了しました。続いて基本的な注意事項が表示されるので、内容を確認したのちに [Continue] をクリックします。

Finish creating your OpenAI account

Tell us about you.

First name

Last name

Birthday

チャットの初期画面が表示されたらこれで準備完了です。

Get Plus +

Tell me a fun fact
about the Roman Empire

Write a thank-you no
to our babysitter for t

Message

"ChatGPTを使ってみよう"

登録が完了したら実際にChatGPTを利用していきましょう。ここではインターフェイスの内容を簡単に解説し、注意点を確認しながら基本の使い方を解説します。

▶ インターフェイスを確認する

それでは実際にChatGPTを利用していきましょう。ここでは2024年6月時点での画面を使って解説します。ブラウザ版もスマートフォン版も共通のアイコンで表示されており、かつよくWebサイトで使われるアイコンで表示されているため、すぐに使い方をマスターできると思います。

▶ ブラウザ版のインターフェイス

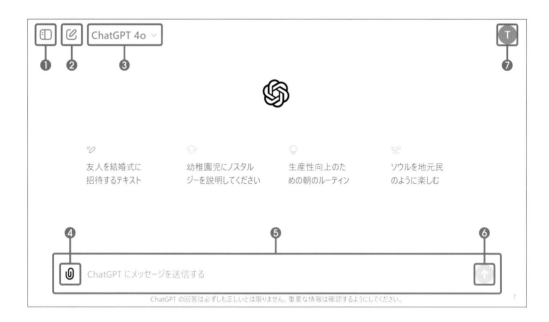

❶ サイドバーを開く

サイドバーにはチャットの履歴が並んでおり、クリックすることで過去のチャットの続きから利用することができます。

❷ 新しいチャット

ChatGPT にはやり取りを記録するメモリ機能があり、同一のチャット内では以前のやり取りの内容に影響を受けます。これまでと関係ない内容の会話を行う際にはここをクリックして新しいチャットに切り替えることをおすすめします。

❸ モデル／一時チャット

ChatGPT には現在3種類のモデルが公開されていますが、ビジネスで利用することを考えると基本的には以下の2種類を利用することをおすすめします。

- ChatGPT-4o: 無料ユーザーも利用できるモデル。入力できるファイル形式が多様で、レスポンスが速い。より人間の会話に近い内容を出力できる。ChatGPT-4 に比べて正確性は劣る。
- ChatGPT-4: 有料ユーザーのみが利用できるモデル。レスポンスに時間はかかるが非常に正確性が高い。

❹ ファイルをアップロード

クリックするとダイアログが開き、ファイルを読み込ませることができます。ブラウザ版ではファイルを画面上にドラッグ＆ドロップしても読み込むことができ、複数ファイルの読み込みにも対応しています。

❺ 入力ボックス

ここにプロンプト（AIへの指示）テキストを打ち込みます。

❻ 送信／停止

入力内容を ChatGPT に送信します。回答の生成中は停止ボタンとなっているため、誤って送信してしまった場合や、途中で停止させたいときはもう一度同じ場所をクリックします。

❼アカウント／ChatGPTをカスタマイズする／設定

個人アカウントだけでなく、組織のワークスペースなどに登録されている場合ここから切り替えることができます。また、ここからはアカウントごとに細かなChatGPTの設定を行うカスタム指示を利用することができます。

▶ ChatGPTの入力を学習に利用しないようにする設定をする

より安全に利用するために、一時チャットモード❶に切り替えることで入力した内容を学習に利用しないことができます。ただし、入力内容自体は「コピーを最大30日間保管する」ことがあるため、利用する組織のルールに従って使用するようにしましょう。

一時チャットモードでも同一チャット内は会話の内容を引き継いでやり取りを行うことができるため、本書の内容を試すことができます。

実際に簡単なタスクを実行してみる

準備ができたら実際にプロンプトを入力して実行してみましょう。モデルによって回答の出力のスピードは変わってきますが、画面中央に入力した内容に対する答えが表示されます。

❶—✐　忙しいビジネスマンの心に届くフレーズを5個提案してください。

　もちろんです。忙しいビジネスマンの心に響くフレーズを以下に提案します。

1. 「今の努力が未来の成功を作る。」

2. 「一歩一歩が大きな成果に繋がる。」

3. 「自分を信じて、前に進み続けよう。」

4. 「挑戦し続けることで、成長する。」

5. 「時間は最も貴重な資産。無駄にせず、有効に使おう。」

これらのフレーズは、ビジネスの現場で奮闘する方々にとって、モチベーションを高める一助となるでしょう。

回答が出力されたらそのままチャット形式でやり取りを続けることができます。また、画面上のアイコンをクリックすることで以下の機能を利用できます。

❶ メッセージを編集

　一度送った入力内容を変更して、再度回答を生成します。プロンプトを打ちなおす必要がないため少し内容を変更したいときなどに便利です。

❷ 音声読み上げ

　テキストを音声で読み上げることができます。

❸ コピー

　生成された回答をコピーします。

❹ 再生成

　同じプロンプトで再度回答を生成しなおします。

❺ モデルを変更

　同じプロンプトのままで変更するモデルを選択して再度生成しなおします。

41

" ChatGPT を使いこなそう "

基本的な利用方法は非常に単純ですが、より有効に使いこなすために必要ないくつかの理解
しておくべきポイントを解説します。

▶ プロンプトは自然言語を使う

　公開初期のChatGPTでは独特なプロンプトの文法で記述することが良いとされ、今もな
お様々な文法についてSNSやWeb記事等で投稿されていますが、ChatGPT-4以降のモデ
ルであれば、ほぼ自然言語のやり取りで利用することができます。すなわち、主語、述語、
目的語をベースとした分かりやすい指示を与えればよいのです。

　ChatGPTがうまく目的通りに動かないと感じる場合は、まずは何か与えるべき情報が抜
けていないか、もしくは余計な情報を与えていないかを確認しましょう。プロンプトの一部
を変更して生成結果が改善されることもあります。

▶ プロンプトを組むコツ

　続いて、ChatGPTをはじめとするLLMの成り立ちを考えると、いくつか共通しているプ
ロンプトを組む上でのコツが存在していることが予想されます。これらを利用することで少
しだけ効率よく利用することができるので、頭の片隅に置いておくと役立つでしょう。

　まずは共通言語で会話するという方法です。現在公開されているChatGPTのモデルは基
本的に英語のテキストで大規模な学習を行ってから、各言語の追加学習を行っているため
英語でやり取りが最も精度が高いという性質があります。ただし、これはアップデートに
よってほぼ解決されつつある問題でもあります。

続いて、条件やルールなどの定義づけと箇条書きの利用です。自然言語でのやり取りが可能な ChatGPT ですが、人間への指示と同じようにだらだらと口語体で条件を入力されるよりも、「今から書き綴るのは［条件］です」のように分かりやすく一定のルールでまとめたものの方が正確に処理することができます。本書でも基本的にはこのルールを採用してサンプルプロンプトの作成と検証を行っています。

条件に当てはまる観光地を提案してください。

条件
・東京駅から乗り換えなし
・片道 2 時間以内
・有名なお土産がある
・自然が豊か

ChatGPT の回答は必ずしも正しいとは限りません。重要な情報は確認するようにしてください。

また、生成 AI の特性として入力をトークンとして分解するという過程がありますが、この時に「重みづけ」という処理が行われます。**基本的にはプロンプトの先頭ほど重要視され、全体の入力が多くなるほど分散される傾向があります。** したがってプロンプトを組むコツとしては、やってもらいたい指示をできるだけシンプルな構造にして先頭に配置するということが重要になります。これらのことを意識すると、より思い通りに ChatGPT を利用することができます。

現在可能な利用方法について

さらに入力できる情報も様々な形式の電子ファイルに対応できるようにアップデートが進められており、24 年 6 月現在で画像、ドキュメント、プレゼン、表形式などのファイルが対応しています。このように複数のデータ形式を利用し処理する機能はマルチモーダル機能と呼ばれます。また、ChatGPT の有料プランを利用している場合は、プログラミング言語 Python を利用することで様々なことを実行できます。タスクを自然言語で記述し、それを実行するコードを生成して実際に実行することが ChatGPT のインターフェイスを通じて可能です。この機能はコードインタープリターと呼ばれています。

ChatGPTのモデルの違い

➡ モデルが違うと何が変わるのか

AIを示す言葉として「学習済みモデル」や「最新モデル」というように、モデルという言葉がよく使われます。このモデルと呼ばれるものは複数のニューラルネットが組み合わされた構造で、これに入力信号を与えると演算が行われ出力信号を得ることができる、いわばAIの本体のことです。このモデルの規模や学習させたタスクの内容によって、AIが実行できることが変わってきます。一般にモデルが大きくなればなるほど複雑で多くの内容を学習させることができる一方で、出力に時間がかかります。

➡ ChatGPTのモデルを選択する

ChatGPTは利用するモデルをGPTシリーズから選択することができます。過去にリリースされたモデルを含めて詳しくは公式サイト (https://platform.openai.com/docs/models) から確認できます。

GPT-4o 新しい

最速かつ最もお手頃なフラッグシップモデル

✎ テキストと画像の入力、テキスト出力

🗂 128k コンテキスト長

🖬 入力: $5 | 出力: $15*

GPT-4 ターボ

以前の高知能モデル

✎ テキストと画像の入力、テキスト出力

🗂 128k コンテキスト長

🖬 入力: $10 | 出力: $30*

GPT-3.5 ターボ

シンプルなタスク向けの高速かつ安価なモデル

✎ テキスト入力、テキスト出力

🗂 16k コンテキスト長

🖬 入力: $0.50 | 出力: $1.50*

* 100万トークンあたりの価格

このうち、本書では無料アカウントでも利用でき、様々な入力ファイルにも対応しているGPT-4oモデルの利用を推奨しています。また、かなり細かいスパンでモデルの調整は行われており、正式な名称はgpt-4o-MM-DDという表記で表されます。これまでのモデル更新によって必ずしも出力結果が向上するわけではなく、OpenAIの都合によってChatGPTで利用できるモデルが以前よりも性能が低いものに切り替わることもあります。

Chapter

2

文章・資料を作成する

デスクワークの大半は文章や資料の作成です。これらの仕事をLLMの力を
使って今よりも早く、そして丁寧に仕上げる方法を確認していきましょう。
また、実際に使用するケースに合わせてプロンプトを調整することが大切です。

Idea
001 新商品の商品案内を作成する

　まずは基本の使い方である文章生成のタスクについて解説していきます。ここでは新製品のローンチキャンペーン用に、ウェブサイトやメールマガジンに掲載する商品案内を作成します。

　いきなり自分で考えるのではなく、生成される文章を叩き台にしてブラッシュアップすると効率的です。具体的には、まず文章生成の起点となる主題のキーワードやフレーズを入力し、それに基づいて生成された文章を確認します。その後、必要に応じて修正や追加を行っていくことで最終的な文章を完成させます。

 User Prompt

次世代スマートフォンの魅力を伝える商品案内文を作成してください。

 Answer Sample

未来を手の中に。次世代スマートフォンが革新的パフォーマンスと圧倒的ディスプレイで日常を変革。プロ級カメラで創造力を解放し、長持ちバッテリーと高速通信で常に繋がる喜びを。新時代のスマートライフを、ここから始めよう。

46

文章を生成する際に指定する条件が少なすぎると、生成された回答にはAIが勝手に補足した内容（ハルシネーション）が追加されることがあります。

そこで具体的な条件を追加することで、生成される文章の精度が向上し、意図した内容に近い文章が得られやすくなります。例えば、ターゲット層、製品の特長、使用シーンなどを明示することが有効です。これにより、生成AIがより正確で関連性の高いテキストを生成するようにコントロールすることができます。

このように生成された文章の確認と修正を繰り返すことで、短時間で整った文章を生成することができます。テンポよく行うために、生成速度の速いChatGPT-4oモデルを使用すると良いでしょう。

Tips：箇条書きで条件を指定する

条件を指定するときはベタ打ちの文章として入力することもできますが、複数の条件がある場合は箇条書きにするとより正確に指示に従わせることができます。普段から箇条書きの形式でメモを作っておくと、そのままコピー＆ペーストで使えるので非常に便利です。

User Prompt

以下の具体的なユーザーへのメリットを追加して、**より魅力的に感じるように説明してください。**

- トリプルカメラ搭載
- 5G対応で高速データ通信対応
- AIによる管理でバッテリー持続時間が向上

Answer Sample

未来を手の中に。次世代スマートフォンが、あなたの日常をさらに魅力的に変革します。トリプルカメラ搭載で、どんなシーンも美しく捉え、あなたの創造力を無限に広げます。5G対応による高速データ通信で、ストリーミングやゲームが途切れることなくスムーズ。さらに、AIによるスマートなバッテリー管理で、長時間の使用でも安心。忙しい一日を、パワー不足で止めることはもうありません。革新的パフォーマンス、圧倒的ディスプレイ、そして高速通信。新しい世代のスマートライフを、ここから始めよう。

002　テレアポ用のスクリプトを作る

テレアポでは短い時間かつ、音声情報だけで相手に情報を伝えなければなりません。プロンプトの条件に「誰に対して」、「どのような目的で」、「何を伝えるか」など含めることで、相手に伝わりやすい自然に整理された文章を生成しましょう。特に対象となる顧客の属性や、電話の目的（新製品の紹介、既存契約の更新、アンケートの依頼など）、伝えたい内容（製品の特長、キャンペーン情報、特典など）を詳細に指定しておくことが重要です。

User Prompt

業務効率化ツール〇〇を中小企業に向けて**紹介し、無料デモの**アポイントメントを取るための**テレアポ用スクリプトを作成してください。**

Answer Sample

導入部分
「こんにちは、［お客様の名前］様。お忙しいところ失礼いたします。私、［あなたの会社名］の［あなたの名前］と申します。今日はお時間をいただきありがとうございます。」

―中略―

無料デモの提案
「実際に『〇〇』がどのように貴社の業務に役立つかを体験していただくために、無料デモを実施しております。デモでは、具体的な機能のご紹介や、貴社のニーズに合わせたカスタマイズのご提案も行います。」

アポイントメントの確認
「ぜひ一度、デモをご覧いただきたく存じますが、［お客様の名前］様のご都合の良い日時をお伺いしてもよろしいでしょうか？例えば、今週の水曜日か木曜日の午後はいかがでしょうか？」

クロージング
「ありがとうございます。それでは、［確定した日時］にデモのご案内をさせていただきます。何かご不明点やご質問がございましたら、お気軽にお知らせください。お忙しい中、お時間をいただきありがとうございました。どうぞよろしくお願いいたします。」

003 スピーチの台本を作る

　なかなか書き出しが決まらないスピーチの原稿も生成AIでベースとなる文章を生成してからブラッシュアップすることで取り組むハードルが低くなるはずです。

　例えば、「社員への具体的な行動呼びかけを含めてください。」や「地域社会への貢献活動の意義を含めてください。」など、中心となる話題の内容やエピソードをプロンプトの条件として追加しましょう。このひと工夫により、ただ生成AIを使って作っただけの味気のないスピーチとは一味違う、オリジナリティのあるスピーチ原稿を作ることができます。

 User Prompt

来年の経営戦略について、年次総会で社内向けにスピーチする内容を考えてください。
特に地域差や界への貢献活動として取り組んでいる、〇〇祭りへの協賛と出展の意義を含めた内容にして下さい。

 Answer Sample

皆さん、本日は年次総会にお集まりいただきありがとうございます。来年の経営戦略についてお話しするにあたり、特に地域社会への貢献活動に焦点を当ててお伝えしたいと思います。

私たちの会社は、企業としての成長だけでなく、地域社会との共存共栄を重視しています。その一環として、毎年協賛し、出展している〇〇祭りへの参加についてお話しします。〇〇祭りは地域の伝統文化を守り、地域住民との絆を深める重要なイベントです。この祭りに協賛し、出展することは、私たちの企業が地域社会に対してどれほど真剣に貢献しようとしているかを示す絶好の機会です。

具体的には、来年の〇〇祭りでは、私たちの製品やサービスを紹介するだけでなく、地域の方々と直接交流し、フィードバックを得る場としても活用していきます。……後略

Idea
004
営業ロープレの台本を作成する

生成AIは人間のやり取りを再現することも得意です。ポイントは想定されるクライアントの特徴を追加して、ロールプレイングの幅を広げていくことです。例えば「赤字を抱えている小売店の店長」や「事業売却を行ったばかりの若手事業家」など、より具体的な条件を指定すると良いでしょう。

さらにここでは生成AIのもつランダムさがプラスに働きます。同じ条件でも生成のやり直しを利用することで、様々なケースを作成してよりクライアントのニーズや悩みに対してより的確なアドバイスやサポートを提供するパターンを準備しましょう。

 User Prompt

新しく開発された技術系職種専門の中途採用支援サービスの営業活動を行う際のロープレ台本を考えて下さい。

- 事業転換によって専門技術職が手薄い電気メーカーの人事担当者
- AIを使った効率的なマッチング

 Answer Sample

シーン：営業担当者（A）と電気メーカーの人事担当者（B）のミーティング

A：こんにちは、〇〇株式会社のAと申します。本日はお忙しい中お時間をいただき、ありがとうございます。
B：こんにちは、Bです。こちらこそお時間を取っていただきありがとうございます。

A：本日は、御社が事業転換によって直面されている専門技術職の不足について、当社が新しく開発した技術系職種専門の中途採用支援サービスをご提案させていただきたいと思います。
B：なるほど、確かに最近技術職の採用には苦労しています。具体的にどのようなサービスなのでしょうか？
……後略

Idea
005 　時節の挨拶を作成する

メールや挨拶などの定型的な文章を生成するだけでなく、取引先との関係性や過去のエピソードをプロンプトに加えることで文面を調整しましょう。例えば、「〇〇社とは以前のように取引を再開させたいと考えている。」などの連絡に含めたい目的と、それに関連する具体的なエピソードを組み込むことで、相手に親近感や信頼感を持ってもらいやすくなります。ただし、入力してはいけない機密情報は避けるようにすることが重要です。

User Prompt

取引先〇〇社への暑中見舞いの挨拶を考えて下さい。

- 〇〇社とは以前のように取引を再開させたいと考えている。
- 過去に共同で製品開発をしていた。

Answer Sample

拝啓　盛夏の候、貴社ますますご清栄のこととお慶び申し上げます。

平素は格別のお引き立てを賜り、誠にありがとうございます。さて、暑中お見舞い申し上げます。

この度は、貴社との以前の共同製品開発におけるご協力に改めて感謝申し上げます。あの頃のプロジェクトは、私どもにとって非常に有意義であり、貴社の高度な技術力と専門知識に支えられた成果であると感じております。

現在、弊社では新たな製品開発を計画しており、貴社との再度の協力を強く希望しております。これまでの良好な関係を基盤に、更なる発展を目指して共に歩んでいければと存じます。何卒、前向きなご検討を賜りますようお願い申し上げます。

まだまだ暑い日が続きますが、どうぞご自愛くださいませ。今後とも変わらぬご指導ご鞭撻を賜りますようお願い申し上げます。

敬具

006 SNSの投稿を作成する

生成AIによるSNSの投稿作成ではその媒体を指定することで、より適切な文章を作成できます。また、追加する条件としてその時のトレンドに合わせた話題を指定したり、ハッシュタグ案も生成することで、投稿のリーチを広げることも可能です。作成した投稿文は、指示を追加しながらブラッシュアップしつつ、炎上リスクがないか確認するのも良いでしょう。投稿内容を事前にチェックすることで、ブランドイメージを守りつつ、効果的なコミュニケーションを図れます。（詳しくはP.146を参照）

User Prompt

商品の定期告知用にハッシュタグ付きのInstagramの投稿文を作成してください。

- 書籍 「ChatGPTビジネス活用アイディア事典」
- ChatGPTの使い方とビジネスでの活用方法をやさしく丁寧に解説

Answer Sample

 ✨新刊紹介✨

ビジネスの現場でChatGPTを最大限に活用するための必読書！「ChatGPTビジネス活用アイディア事典」が登場しました！🚀

この一冊で、ChatGPTの使い方からビジネスでの具体的な活用方法まで、やさしく丁寧に解説しています。初心者から上級者まで、すべてのビジネスパーソンに役立つ内容が満載です。

💡こんな方におすすめ！・AI技術に興味がある方・業務効率化を図りたい方・新しいビジネスアイディアを探している方

ぜひ手に取って、ビジネスの可能性を広げてみませんか？

#ChatGPT #ビジネス書籍 #AI活用 #業務効率化 #新刊紹介 #ビジネスアイディア #読書好き #仕事効率化 #ビジネスパーソン

Idea 007 社内報を作成する

　生成AIによる文章作成は、条件の中に掲載媒体や使用目的を指定することで、情報の解像度や文体を自然に調整することができます。

　また、文字数を指定して生成した結果にハルシネーションが見られる場合は入力している情報が足りていないので、条件を追加することで対応しましょう。条件としては読者の年齢層や専門知識の有無などを追加することで、より具体的な事例や適切な専門用語を使った文章を生成することが可能になります。

User Prompt

〇〇アニメーション株式会社の知財・法務部の活動を新入社員に紹介する社内向け記事を作成してください。

Answer Sample

〇〇アニメーション株式会社 知財・法務部の活動紹介

新入社員の皆さん、こんにちは！〇〇アニメーション株式会社へようこそ。今回は、当社の知財・法務部の活動についてご紹介します。知財・法務部は、会社の知的財産を守り、法的リスクを管理するために重要な役割を果たしています。

知財・法務部の主な業務
知的財産の管理 知財・法務部は、当社が制作するアニメーション作品や関連コンテンツの著作権、商標、特許などの知的財産を管理しています。これにより、当社のクリエイティブな成果物が第三者に不正に利用されることを防ぎます。具体的には、著作権登録や商標出願の手続きを行い、侵害が発生した場合には法的措置を講じます。

新入社員へのメッセージ
新入社員の皆さんには、まず知財・法務部の基本的な役割とその重要性を理解していただきたいと思います。特に、アニメーション業界では知的財産の管理が非常に重要です。クリエイティブな作品が多くの人に楽しんでもらえるためには、その作品が適切に保護されていることが前提です。また、契約書の内容をしっかり理解することも大切です。

……後略

008 ランディングページを作成する

ランディングページの作成は、明確な目的を1つ設定し、試行錯誤しながら最適化させていく必要があるため、生成AIと相性が良い仕事と言えます。さらに、迅速な反復作業が可能である特徴を生かすことで、A/Bテスト用に複数の案を作成することが容易になるため数々の候補の中から比較して効果的なデザインやメッセージを選定していきましょう。

また、DALL・Eを使えば掲載する画像のイメージ案を作成してもらうこともでき、ビジュアル面でも文章と同様にたくさんの選択肢を提供することができます。（詳しくはP.076を参照）

User Prompt

ユーザーを新型スマートフォンの公開イベントへ参加登録させることを目的とする、ランディングページの構成案とテキストを作成してください。

Answer Sample

ランディングページ構成案

1. ヘッダー
ロゴ
ホーム | 製品情報 | イベント | サポート
2. ヒーローセクション
キャッチコピー「未来のスマートフォンを体験しよう！」

イベントの概要「新型スマートフォン公開イベントにご招待します。最新の技術とデザインが融合した新製品をいち早く体験し、専門家によるデモンストレーションをお楽しみください。」

参加登録ボタン「今すぐ登録」

3. 製品紹介セクション
新型スマートフォンの画像（画像挿入）

……後略

さらに作成した構成案をもとに実際のコードサンプルを作成してみましょう。ChatGPTは自然言語に加えてコード生成も非常に得意です。作成したいコードの種類やWordPress用のコードのように指定することでその指示に合わせて出力が行われます。生成されたコードは実際に利用してみて、エラーが生じた部分や修正したい部分を続けてChatGPTに対して指示することでコードを修正していくことができます。

User Prompt

構成案をもとにHTMLとCSSのコードのサンプルを作成してください。
それぞれファイルにしてダウンロードできるようにしてください。

Answer Sample

以下は、ランディングページ構成案に基づいて作成したHTMLとCSSのコードのサンプルです。……コード部分省略

以下のリンクから、HTMLおよびCSSファイルをダウンロードできます。

🗋 index.html
🗋 styles.css

これらのファイルをダウンロードして、ご自身のプロジェクトでご利用ください。

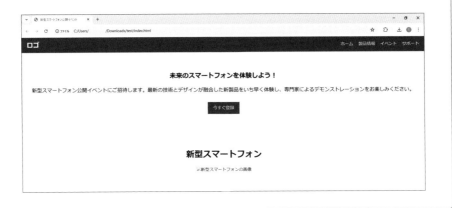

009 複数のコピー案を作成する

新聞をはじめ印刷物を使った広告は、デジタル広告のように掲載後に変更ができないため、最初から複数案を作成して慎重に吟味することが重要です。自分の部下相手に、たくさんのアイディアの提出を要求するのは気が引けるかもしれませんが、一方で生成AIは条件が多く、繰り返しのタスクに対して特に相性が良いので遠慮せずに徹底的に活用しましょう。

User Prompt

〇〇楽団コンサートの新聞広告用のテキストを10案作成してください。

Answer Sample

〇〇楽団コンサートの新聞広告用のテキストを以下に10案ご用意しました。各案は異なるアプローチやトーンで書かれていますので、目的やターゲットに合わせてご利用ください。

1. クラシックの夕べ
「心温まるクラシックの夕べへようこそ。〇〇楽団コンサート、今秋開催！」

2. 音楽の旅
「音楽の旅へ出かけませんか？〇〇楽団が贈る感動のコンサートが待っています。」

3. 秋の夜長に
「秋の夜長に響く美しい旋律。〇〇楽団コンサート、チケット好評発売中！」

4. 家族で楽しむ
「家族で楽しむ音楽のひととき。〇〇楽団コンサートにぜひお越しください。」

5. 音楽の贈り物
「音楽の贈り物をあなたへ。〇〇楽団が奏でる至福の時間をお楽しみください。」

6. 伝統と革新
「伝統と革新が交わるステージ。〇〇楽団コンサート、絶賛予約受付中！」

……後略

生成結果がいまいちだった時はさらに条件を追加して求めている結果を探り出していきましょう。また、生成結果の中からピンポイントで気に入ったキーワードをピックアップして、次のプロンプトに条件として追加していくことを繰り返すと、より自分の求める方向性にコントロールすることができます。このほかのテクニックとしては狙いを説明させるタスクを追加することで、より精度が高い回答を生成する可能性を高めることができます。

 User Prompt

キーワードと演奏テーマを加味して**別案を10案**作成してください。
さらにどのような狙いが込められているのか簡単に解説してください。
キーワード：家族、演奏テーマ：夜空と星々

 Answer Sample

1.「星空の音楽会へようこそ！家族みんなで楽しむ特別な夜をお届けします。」
   狙い：家族全員が楽しめるイベントであることを強調し、特別感を出すことで参加意欲を高めます。

2.「夜空に輝く星々の音楽を楽しむ、家族一緒の特別なひととき。」
   狙い：ロマンチックなテーマを前面に出し、家族での特別な時間を演出します。

3.「星空の下で音楽を楽しむ、家族のための夢のコンサート。」
   狙い：夢のような体験を提供することを強調し、子供から大人まで楽しめる内容であることをアピールします。

4.「星空と音楽のコラボレーション！家族で過ごす幻想的な夜。」
   狙い：幻想的な雰囲気を演出し、視覚と聴覚の両方で楽しめる体験を強調します。

5.「夜空に広がる音楽の世界、家族みんなで星々の響きを感じて。」
   狙い：音楽と星々のイメージを結びつけ、家族全員で一緒に楽しむことを強調しています。

6.「星空のシンフォニー、家族で楽しむ特別な夜のコンサート。」
   狙い：シンフォニーという言葉を使うことで、高品質な音楽体験を提供することを示唆しています。

7.「夜空を彩る音楽の光、家族で楽しむ星々のコンサート。」
   狙い：視覚的なイメージを強調し、音楽と星空の美しさを同時に楽しめることを伝えます。

……後略

010 メールの文章を作成する

担当の取引先が多いとメール対応に業務時間の大半を消費される方もいることでしょう。なかなか気が進まない内容も生成AIで原案を作成し、ブラッシュアップする形に切り替えることで自分の仕事に集中して取り組むことができるはずです。

 User Prompt

取引先の担当者〇〇様へ、原料の値上がりにより来月以降の製品価格が10％増加することを伝えるメールを作成してください。

 Answer Sample

件名：【ご連絡】製品価格の改定について

〇〇様

平素より格別のお引き立てを賜り、誠にありがとうございます。〇〇（貴社名）の〇〇（あなたの名前）でございます。

さて、この度、弊社が製品の製造に使用している原料の価格が世界的な市場の動向により値上がりしました。これまでできる限り吸収し、価格維持に努めてまいりましたが、持続的な企業活動を維持するため、誠に遺憾ながら来月より製品の価格を見直させていただくこととなりました。

具体的には、来月より製品価格を現行価格の10％引き上げさせていただきます。お客様には大変ご迷惑をおかけいたしますが、ご理解賜りますようお願い申し上げます。

＜価格改定の詳細＞・改定対象製品：〇〇（製品名）・価格改定率：10％増・改定実施日：YYYY年MM月DD日

今後も品質の維持・向上に努め、〇〇様には一層ご満足いただける製品・サービスを提供できるよう努力して参ります。何卒、ご理解のほどよろしくお願いいたします。

ご不明点やご相談がございましたら、いつでもご連絡ください。

敬具

生成されたビジネスメール文章をブラッシュアップしていきます。内容を確認して自分が意図している内容と異なる部分や、説明不足だと感じた点をプロンプトで指摘しましょう。

Tips：メールでの活用方法
生成AIによるメール文の作成は、毎月定期的に行う「請求書送付のお知らせ」などのテンプレート作成にも活用できます。（P.069を参照）

User Prompt

価格改定の詳細はPDFで添付するという内容に変更してください。また、今後も為替の変動や原料価格の高騰により値上げを実施する可能性があることを追加してください。

Answer Sample

件名：【ご連絡】製品価格改定に関するお知らせ

〇〇様

平素より格別のお引き立てを賜り、誠にありがとうございます。〇〇（貴社名）の〇〇（あなたの名前）でございます。

この度、弊社が製品の製造に使用している原料の価格が、世界的な市場の動向により値上がりしております。これまでできる限りコストを吸収し、価格維持に努めてまいりましたが、持続的な企業活動を維持するため、誠に遺憾ながら来月より製品価格の見直しを行わせていただくこととなりました。

具体的な価格改定の詳細につきましては、添付のPDFファイルにてご確認いただけますようお願い申し上げます。

また、今後も為替の変動や原料価格の高騰により、価格の見直しが必要となる可能性がございます。このような状況を踏まえ、価格改定を行う際には、可能な限り早く情報を提供し、十分なご理解とご協力を賜りますよう努めて参ります。

お客様には大変ご迷惑をおかけいたしますが、ご理解賜りますようお願い申し上げます。

今後も品質の維持・向上に努め、〇〇様には一層ご満足いただける製品・サービスを提供できるよう努力して参ります。ご不明点やご相談がございましたら、いつでもご連絡ください。

敬具

Idea

011　メールの返答を作成する

　メールの内容をプロンプトとともに入力し、その返答を作成することもできます。注意が必要なのは、自分が使っている生成AIサービスが入力内容を学習に利用するかという点です。学習に利用される可能性がある場合は企業秘密にあたる内容は入力しない、もしくは伏せ字にする等の対応が必要です。

 User Prompt

以下のメールの返答を作成してください。

いつも大変お世話になっております、●●株式会社　営業課の●●と申します。

この度は弊社商品のパンフレットのご請求ありがとうございます。
5/29着で5冊ほど郵送手配させて頂きました。

資料をご確認いただき何かご不明な点がございましたらご連絡いただけますと幸いです。今後ともどうぞよろしくお願い致します。

 Answer Sample

件名：パンフレット送付のご連絡について

●●株式会社
営業課 ●●様

いつも大変お世話になっております。
[あなたの会社名] の [あなたの名前] です。

この度は弊社からのパンフレット請求に対し、迅速に対応していただきありがとうございます。5月29日にパンフレットが到着予定とのこと、楽しみにお待ちしております。

資料を拝見した後、不明点や追加の情報が必要な場合には、改めてご連絡させていただきます。引き続き、どうぞよろしくお願い致します。

敬具

Idea

012　メールの文章を推敲する

　生成AIをメール送信前の文章の推敲にも使ってみましょう。推敲された文章はそのまま利用しても良いですが、まずは入力前と照らし合わせてより良いと思うものを選択する ことをおすすめします。生成ＡＩを活用していく上で、選択能力を高めていくことが使いこなしのコツになります。

 User Prompt

以下のメールの内容をよりお客様のメリットが明確で魅力的な商品に感じられるトーンに推敲してください。

📄 テキストファイルを入力（例：新しい投資信託商品の説明）

 Answer Sample

件名：新しい投資機会：日経平均連動型レバレッジ商品のご案内

並木 様

こんにちは、殿上証券株式会社の羽田です。

市場の動向に直接リンクする、刺激的な新商品を取り扱い始めました。この日経平均連動型レバレッジ商品〇〇は、市場の成長に伴ってお客様の投資がより大きく成果を上げる可能性を持っています。これは、積極的な成長を求める投資家にとって非常に魅力的な選択肢となるでしょう。

商品の詳細を直接お話しできればと思います。お手数ですが、ご都合の良い日時をお知らせいただけますか？直接お会いして、この機会について詳しくご説明させていただきたいと思います。

お忙しい中とは存じますが、ぜひともこの新たな投資機会をご検討いただければ幸いです。お返事を心よりお待ちしております。

敬具

Idea

013

丁寧にお断りするメールを作る

　様々な提案や商談を断り続けるのに神経を すり減らしてしまってはいないでしょうか。 お互いに気持ちよく次の仕事へと向き合える ように、丁重なお返事を生成してもらいま しょう。もちろん送信前に失礼がないかの最 終チェックを忘れずに行いましょう。

Ø User Prompt

以下のメールに対して、丁寧にお断りするメールを作成してください。

いつも大変お世話になっております。
このたび、当社ではお客様のビジネスの発展をより一層サポートするため、カスタマイズ可能なITエンジニア派遣プラン●●●●●を新たに立ち上げました。このプランは、あなたのプロジェクトに特化したエンジニアを選定し、スタートアップ企業や新しい技術プロジェクトに取り組む企業に最適なソリューションを提供いたします。

――中略――

先月のご契約に引き続き詳細を直接ご説明させていただける機会をいただければと思いますので、ご都合の良い日時を教えていただけますか？

Answer Sample

いつも大変お世話になっております。

この度は新しいカスタマイズ可能なITエンジニア派遣プラン●●●●●のご案内をいただき、誠にありがとうございます。お送りいただいたプランの詳細について興味深く拝読させていただきました。

しかしながら、現段階では当社のプロジェクト方針と予算の都合上、新しいサービスを導入することが難しい状況にあります。今後の計画において、必要な時期が来ましたら、ぜひ [送信者の会社名] 様に改めて相談させていただきたいと考えております。

ご提案いただいた件について、今回は見送らせていただきますが、今後とも変わらぬご協力をお願いできればと思います。引き続きどうぞよろしくお願い致します。

敬具

Idea
014
開封率の高いメルマガを作成する

ターゲットと商品の情報を指定すれば、メルマガの作成も簡単におこなうことができます。漠然と生成するのではなく、「開封率を高めたい」のように、目的をはっきりさせることがポイントです。また、詳細条件を指定しない場合はフォーマットを作成することができます

User Prompt

30代男性向け新商品のメルマガを開封率が高くなるように作成してください。

商品名：ヘアマックス・リバイタライズ
• 髪のボリュームに不安を抱えるターゲットに向けた天然素材ベースのシャンプー
• アミノ酸ベースの洗浄成分で優しく洗浄
• 頭皮の脂質バランスを整える海藻エキス配合
• 新発売キャンペーンでテストモニター100名を募集

Answer Sample

件名：【新発売】自然由来成分でボリュームアップ！「ヘアマックス・リバイタライズ」試してみませんか？

多くの男性が直面する「髪のボリューム不足」に新しい解決策をご提案します。私たちの最新商品「ヘアマックス・リバイタライズ」は、全ての男性が自信を持って髪を整えるために開発されました。

商品の特長
天然素材ベース：厳選された天然成分で髪と頭皮をいたわります。
アミノ酸洗浄成分：頭皮に優しく、自然な洗い上がり。
海藻エキス配合：頭皮の脂質バランスを整え、健康的な髪を育てます。

さらに、新発売を記念して、テストモニター100名様を大募集！使用感を体験いただき、あなたの貴重なご意見をお聞かせください。このチャンスをお見逃しなく！

015
議事録のテンプレートを作る

議事録テンプレートを生成します。生成AIが作成することで、本来1人で作成するにも関わらず、自分が内容の確認側に回ることができます。見落としがちなポイントもしっかりチェックして必要に応じて内容を追加して会議に臨みましょう。

User Prompt

営業会議の議事録のテンプレートを作成してください。

Answer Sample

このテンプレートは、会議の概要から詳細な議論に至るまで、会議での話し合いを整理し、記録するために役立ちます。

営業会議 議事録
会議日時：YYYY年MM月DD日 HH:MM～HH:MM
会議場所：（オフィスの会議室／オンライン会議のURL等）
出席者：（出席者の名前や部署）
欠席者：（欠席者の名前や部署、理由があればその簡単な説明）
議事録作成者：（名前）

1. 会議の目的
（ここに会議の目的を詳細に記載します。）
2. 議題1：（具体的な議題名）
概要
（議題についての概要や背景情報を記載します。）
話し合われた内容
（具体的な話し合われた内容や意見を記載します。）
決定事項
（議題に関して決定された事項を記載します。）
担当者と期限
（決定事項に対する担当者名と実施期限を記載します。）

……後略

生成AIを利用することでまずは一般的なテンプレートのたたき台を作ったら、出力されたら内容を確認し、やり取りを通じて項目の追加・削除などを進めていき自分が使いたい形式にしていきましょう。まだまだ生成AIだけで完璧なものを作るのは難しいため、ある程度求める形になったら、一旦使いたいファイル形式として出力し、細かな部分は手元で編集して完成させることをおすすめします。また、出力された回答の最後にある［コピーする］をクリックしてテキストをコピーして

おき、手元で任意のファイルに張り付けて利用するのも良いでしょう。

> **Tips：ファイルを読み込んで編集する**
>
> ここでは何もない状態からテンプレートを作成しましたが、元となるファイルを入力して編集することもできます。例えばExcelファイルからWordファイルへのファイル形式の変換や、利用用途の変更やテンプレート内容の改善などです。（P.128参照）生成AIで大掛かりな前工程の変更を行い、仕上げと確認を人間が行うというパターンをうまく利用していきましょう。

 User Prompt

作成した議事録のテンプレートをWordファイルの形式でダウンロードできるようにしてください。

 Answer Sample

営業会議の議事録テンプレートのWordファイルが作成されました。以下のリンクからダウンロードできます。

📄 営業会議議事録テンプレート .docx

Idea
016

アンケートのテンプレートを作成する

アンケート作成のように決まった形の繰り返しのテンプレート作成において生成AIが秀逸な点は、質問内容に合わせて回答の選択肢を調整できる部分です。もちろん人間の確認は必要ですが、項目が多くなってもミスなく短い時間で作成できるので重宝します。

User Prompt

以下の項目を確認するための消費者アンケートのテンプレートを作成してください。

項目：性別 / 年齢 / 満足度 / リピートするか / 人に薦めるか / 価格の納得感

Answer Sample

消費者満足度アンケート
この度は、弊社製品をご利用いただき誠にありがとうございます。以下のアンケートにご協力いただき、製品に対するご意見をお聞かせください。所要時間は約3分です。

―中略―

2. 製品に対する満足度
- 満足度を5段階で評価してください：
  - 非常に満足 / 満足 / 普通 / やや不満 / 不満

3. リピート購入の可能性
- この製品を再び購入する可能性はありますか？
  - はい / いいえ

4. 他人への推薦の可能性
- この製品を友人や家族に薦める可能性はありますか？
  - はい、薦める / いいえ、薦めない

……後略

Idea 017 日報のテンプレートを作成する

日報や週報のテンプレート作成では一般的なたたき台となる案を生成してから、所属する組織に合わせて調整を入れると良いでしょう。もしかしたらこれを記録する部下も商談メモを元に生成AIによって日報を埋めているかもしれません。

User Prompt

1日の営業先と結果をまとめるための日報のテンプレートを作成してください。

項目：客先名 / 対応者 / 進捗 / 要望

Answer Sample

日報テンプレート

日付：[日付を入力]
営業担当者：[担当者名を入力]

1. 営業活動概要

客先名	対応者	進捗状況	要望・フィードバック	備考
[客先名]	[対応者名]	[進捗状況を詳細に記載]	[客先からの要望やフィードバックを記載]	[その他特記事項があれば記載]
[客先名]	[対応者名]	[進捗状況を詳細に記載]	[客先からの要望やフィードバックを記載]	[その他特記事項があれば記載]
[客先名]	[対応者名]	[進捗状況を詳細に記載]	[客先からの要望やフィードバックを記載]	[その他特記事項があれば記載]

2. 日々の反省点
   - [日々の活動から学んだ点や改善点を記載]

3. 明日へのアクションプラン
   - [明日に向けた計画や目標を記載]

4. その他のコメント
   - [その他、伝えたいことがあれば記載]

018 プレスリリースのテンプレートを作る

プレスリリースのように一般的な基本構造が決まっているものは、生成AIで出力することで労力の大きな節約ができます。このテンプレートを元に個別のリリース内容に合わせた条件を与えることで、生成AIからインスピレーションをもらいつつ整理された文章を作成しましょう。

User Prompt

読みやすい構造のプレスリリース用のテンプレートを作成して**ください。**

Answer Sample

FOR IMMEDIATE RELEASE
［会社名］、新商品「［商品名］」を発表
［都市名］、［日付］ — ［会社名］は本日、新しい［商品カテゴリ］である「［商品名］」を発表しました。この製品は［市場/顧客のニーズ］を満たすために開発され、［製品の主な特徴や利点］を提供します。

製品の特徴と利点：
- ［特徴1］：［詳細な説明］
- ［特徴2］：［詳細な説明］
- ［特徴3］：［詳細な説明］

「［商品名］」は、［製品のユニークなポイントや競合優位性］を持ち、［ターゲット市場/顧客層］に特に役立つとされています。

価格と発売日
「［商品名］」は、［発売日］より［販売チャネル］で販売開始され、価格は［価格］となります。
［会社名］について
［会社名］は、［設立年］に設立された［業界］のリーダーであり、［会社のミッションやビジョン］を掲げています。同社は［主な事業内容や製品/サービス］を提供し、［市場での位置づけや実績］を誇ります。

Idea 019 メールのテンプレートを作る

　請求書送付の連絡など定期的に送付する必要のあるメールはテンプレートを作成するのが業務効率を上げる手段ですが、なかなか重い腰が上がらない方も多いかもしれません。

　この機会に送っているメールの棚卸を行って生成AIでテンプレートを作成しておくのはいかがでしょうか。

User Prompt

取引先に今月の請求書を送付するメールのテンプレートを作成して**ください。**

Answer Sample

件名：今月の請求書送付のご案内

［取引先の会社名］
［取引先の部署名］
［取引先の名前］様

いつも大変お世話になっております。
［あなたの会社名］の［あなたの名前］です。

この度、［期間］のご請求書を添付ファイルにて送付させていただきます。内容をご確認いただき、［支払期日］までにお支払い手続きをお願い申し上げます。

請求書の詳細：
- 請求書番号：［請求書番号］
- 請求金額：［請求金額］
- 支払期日：［支払期日］
- 支払方法：［支払方法］

なお、ご不明な点やご質問がございましたら、どうぞお気軽にご連絡ください。
何卒、よろしくお願い申し上げます。

敬具

Idea
020　プレゼン資料を作成する

　プレゼンの準備もまた、多くの時間が割かれている業務の1つです。現時点では、最終的な資料制作まで一貫して行うことはできませんが、ステップごとにタスクを分けることで生成AIのサポートを受けながら効率的な準備を行うことができます。

 User Prompt

スマートシティ開発プロジェクトの提案コンペに向けたプレゼン資料の構成を**考えて下さい。**

コンペ主催：地方都市の市政府 / 目的：スマートシティの構想と実現可能な開発計画の提案 / 参加企業：技術提供企業、開発会社、コンサルティングファーム

 Answer Sample

1. 表紙
プロジェクト名
企業名/ロゴ
提出日

2. 目次
各セクションの概要とページ番号を記載。

3. 企業紹介
企業概要（歴史、実績、強み）
チーム紹介（主要メンバーの経歴と役割）

4. プロジェクトのビジョンと目的
スマートシティに関する企業のビジョン
プロジェクトの目的と地方都市における意義

5. 現状分析
対象地域の現状（人口、経済、インフラなど）
問題点と課題の特定

……後略

構成案ができたら、次はその構成に必要な要素と情報を集めるステップです。このリストアップも生成AIで行いましょう。必要となる資料も生成AIを使って検索することができます。（P.172参照）このようにタスクを細分化することで、大掛かりな資料の作成にも生成AIを活用することができます。

（P.172参照）

Tips：具体的な条件で絞り込む

資料検索ではより具体的な情報を入力すると、求めている答えそのものが見つかることがあります。注意するべき点としては、資料の新しさや信憑性の確認など人間が資料を調べる場合と大きくは変わりませんが、捻出した時間で他にも資料がないか調べてよりブラッシュアップすると良いでしょう。

User Prompt

この構成案を実現させるために準備する必要のある情報やデータをリストアップしてください。また、**参考になる情報源があればそれを提示して下さい。**

Answer Sample

提案されたプレゼン資料構成を実現させるために準備する必要のある情報やデータをリストアップいたします。特定の情報源については、地域やテーマに応じた専門資料やデータベースを参照する必要があります。

３．企業紹介
企業概要：企業ウェブサイト、会社案内パンフレット。
チーム紹介：社内履歴書、LinkedInプロファイル。

４．プロジェクトのビジョンと目的
企業のビジョン：企業理念や過去の実績報告書。
プロジェクトの目的：内部戦略文書、過去の提案文書。

５．現状分析
対象地域の現状：国勢調査データ、地方自治体の公式統計、地方経済報告。
問題点と課題：地方自治体の発表資料、地域住民とのインタビュー、地方新聞記事。

６．スマートシティの構想
構想の概要：内部開発ドキュメント、業界レポート、専門家インタビュー。
技術選定：技術供給者の提供資料、科学技術関連の研究論文、特許情報。

……後略

021 プレゼンの台本を作成する

　プレゼンの構成案と必要な情報が揃ったらいよいよ資料作成が始まりますが、作業前に台本を作成しておきましょう。入力内容が多くなってしまう場合は、構成ごとやスライドごとに分割して入力することで正確性の向上と待ち時間の短縮ができます。

User Prompt

入力したファイルを元にしてプレゼンの発表用台本を作成してください。**スライドごとに**実際に読み上げる文章でまとめて**下さい。**

📄 プレゼンテーションファイルやドキュメントファイルを入力
　（例：スマートシティ開発プロジェクトに関する資料）

Answer Sample

スライド1：オープニング「未来を創造するスマートシティプロジェクト」

読み上げスクリプト：
「皆さんこんにちは。本日は、Innovate Urban Inc. のスマートシティプロジェクト『Future Link City 計画』についてご紹介いたします。私たちのビジョンは、最新のテクノロジーと革新的なアイディアを活用して、持続可能で住みやすい未来の都市を創造することです。このプロジェクトは、地方都市である富山市の発展に寄与し、地域社会に多大な貢献をすることを目指しています。」

スライド2：企業紹介

読み上げスクリプト：
「まずは、私たちの企業について簡単にご紹介します。Innovate Urban Inc. は、2005年に設立され、スマートシティ開発と持続可能な都市インフラの構築に特化した企業です。これまでに、ロサンゼルス、シンガポール、ストックホルム、東京、バルセロナなど世界中で数多くのスマートシティプロジェクトを手掛けてきました。」

……後略

Idea 022

プレゼン資料を添削してもらう

発表用の台本が作成できたらその流れでブラッシュアップも行っておきます。プロンプトに「簡潔に」や「より詳しく」といった指示を置くことで説明する内容の調整するのがよいでしょう。その他にも、「正確な情報か検証して」のように確認にも使えます。

 User Prompt

入力したファイルの内容が正確であるか確認し、改善点をまとめて下さい。

📄 プレゼンテーションファイルやドキュメントファイルを入力
（例：スマートシティ開発プロジェクトに関する資料）

 Answer Sample

1. 具体性の向上：
   - スライドごとの具体的な数値目標やKPIを示すことで、プロジェクトの実現性を明確にする。
   - 現状分析において、より詳細なデータや統計を追加して、課題の具体的な解決策を提案する。

2. 視覚的な強化：
   - スライドに図表やグラフを追加して、視覚的に理解しやすくする。
   - プロジェクトのフェーズごとに進行状況を示すタイムラインやガントチャートを追加する。

3. 地域との連携強化：
   - 地元企業や住民との具体的な連携策を示す。
   - 地域社会への直接的なメリットや参加の機会を強調する。

4. リスク管理の詳細化：
   - プロジェクトにおける潜在的なリスクとその対策を具体的に示す。
   - リスク管理計画を詳細に説明し、プロジェクトの信頼性を高める。

以上の点を改善することで、プレゼンテーションの内容がより具体的で説得力のあるものになります。

Idea
023

プレゼン前のアイスブレイクを 考える

　時と場合にもよりますが、一般にいきなりプレゼンを始めるよりもアイスブレイクを行ってからの方が効果的と考えられます。プレゼンの内容と相手の属性や関係性を具体的に指定すると、それに合わせたユニークなアイディアを提案してくれることもあります。

User Prompt

ビジネスプレゼンテーションの前に、聴衆をリラックスさせて関心を引きつけるためのアイスブレイクを提案してください。

プレゼンテーマ：スマートシティの導入

Answer Sample

ビジネスプレゼンテーションの前に聴衆をリラックスさせて関心を引きつけるためのアイスブレイクとして、以下のような方法を提案します。

1. 簡単なクイズ
プレゼンテーションのテーマに関連する簡単なクイズを行います。例えば、スマートシティに関するプレゼンテーションの場合、以下のようなクイズを用意します。
質問例：
- 「世界で最もスマートな都市と言われているのはどこでしょう？」
- 「スマートシティの導入によって削減されるエネルギー消費の割合はどれくらいでしょう？」…など

回答例：
- A. 東京
- B. シンガポール
- C. バルセロナ

聴衆に手を挙げてもらうか、簡単な投票を行うことで、興味を引き出し、参加意識を高めます。……後略

Idea
024 プレゼンにおける想定質問を考える

生成AIの使い方の1つとして役割（ロール）を指定し、タスクを行わせることができます。プレゼンの場面では聴衆とプレゼンターとい, う2役を指定し、質問とその応答をシミュレーションすることで、スムーズな対応ができるでしょう。

User Prompt

入力した資料をもとにプレゼンテーションを実施する際に、聴衆から想定される質問を10個考えて下さい。また、それに対するプレゼンターの回答例も提案してください。

📄 プレゼン資料を入力（例：スマートシティ開発プロジェクトの提案資料）

Answer Sample

プレゼンテーションに基づく聴衆からの想定される質問と、その回答例は以下の通りです。

1. 富山市をスマートシティにすることで、具体的にどのようなメリットがありますか？
回答例：富山市をスマートシティにすることで、交通渋滞の緩和、エネルギー効率の向上、公共サービスの改善が期待されます。また、再生可能エネルギーの利用促進により環境負荷が減り、地域経済が活性化します。

2. プロジェクトの資金調達はどのように行う予定ですか？
回答例：資金調達は政府補助金、民間投資、クラウドファンディングなど多様な手段を活用します。また、初期投資の回収率を見積もり、効率的な資金計画を立てています。

3. スマートシティ化によって雇用はどのように変わりますか？
回答例：スマートシティのインフラ構築や運営に必要な技術者やエンジニア、データアナリストなどの新規雇用が創出されます。また、公共サービスの提供に伴うサービス業全般での雇用機会も増加します。

……後略

ChatGPTで画像を生成する

⟫ DALL・Eを使って画像生成を行う

本書ではメインで扱ってはいませんが、有料プランではChatGPTに画像を生成するように指示をするとDALL・Eと呼ばれる画像生成モデルによって任意の画像を作成し、ダウンロードすることができます。これにより、資料で利用するイメージ画像や商品のラフ画像など、今までは条件に近い画像を検索していた部分に、画像を生成して利用するという新しい選択肢が増えました。

⟫ 画像生成の注意点

画像生成においてもLLMと同様に著作権に気を付ける必要がありますが、これに加えて肖像権や商標権などにも気を付ける必要があります。幸いDALL・Eはそのようなリスクが高い画像や公序良俗に反するような画像は生成されないようにあらかじめ機能を制限されているため比較的安心して利用することができます。一方で生成された画像の種類によってはリアリティに欠けており使い物にならない場合もあります。

⟫ 画像生成のコツ

画像を生成するのも自然言語で行うため、ChatGPTを利用するのと同じ様に分かりやすく整理された文章で条件を指示しましょう。また、近いイメージの画像やモチーフとなる画像を入力して、その情報を解析することでも画像を生成することができます。このように画像を使ったAIへの指示はイメージプロンプトと呼ばれます。現在のDALL・Eでは入力した画像をそのまま加工することはできないので、テキストで指示した場合と同様にトークン化してから利用しているようです。特性を理解して活用していきましょう。

Chapter

3

文章・資料の修正と変換

仕事を振り返ってみると、いきなり文章や資料を作成するのではなく箇条書きのメモやアイディアを書き出したワークシートを利用していることが多いことに気付きます。これらとLLMを使って望み通りの文章を作り出しましょう。

025　文章を指示した形式に変換する

生成AIの第2の使い方としてここでは
もととなる文章を与え、その文章を変形、
整理させる使い方を見ていきましょう。

まずは例として、文の中から要点を抽出
して、内容が分かりやすいように箇条書
きに整理してみます。

 User Prompt

以下の文章から主要な要点を箇条書きで抽出してください。

当社は、次世代の電気自動車の開発に着手しました。このプロジェクトは、環境に
優しい持続可能な交通手段を提供することを目的としています。私たちは、最新の技
術を用いて、電池の持続時間を延長し、充電時間を短縮することに成功しました。
また、デザイン面では、都市生活に適したコンパクトな形状を採用しています。この
新しい電気自動車は、来年の夏に市場に投入される予定です。

 Answer Sample

- 次世代の電動車の開発に着手した。
- プロジェクトの目的は、環境に優しい持続可能な交通手段を提供すること。
- 最新の技術を用いて、電池の持続時間を延長し、充電時間を短縮。
- デザインは、都市生活に適したコンパクトな形状を採用。
- 新しい電動車は、来年の夏に市場に投入される予定。

文章の変形や修正のタスクでは、出力後の
形式を指定することが特に重要です。ここで
は箇条書きに見出しと番号を追加して、さら
に見出しには太字を指定してみます。また、

形式を変形する例としては、文章全体の構造
を変えるだけでなく特定の単語を探し出して
強調することにも利用できます。

User Prompt

章に見出しと番号を付けて整理してください。見出しは太字にしてください。

Answer Sample

1. 開発プロジェクトの開始 次世代の電動車の開発に着手した。

2. プロジェクトの目的 環境に優しい持続可能な交通手段を提供すること。

3. 技術的改良
- 最新の技術を用いて、電池の持続時間を延長。
- 充電時間を短縮。

4. デザイン 都市生活に適したコンパクトな形状を採用。

5. 市場投入予定 新しい電動車は、来年の夏に市場に投入される予定。

例：ChatGPT の画面上で確認できる Markdown による実際の表示

 1. 開発プロジェクトの開始
次世代の電動車の開発に着手した。

2. プロジェクトの目的
環境に優しい持続可能な交通手段を提供すること。

3. 技術的改良

- 最新の技術を用いて、電池の持続時間を延長。

- 充電時間を短縮。

4. デザイン
都市生活に適したコンパクトな形状を採用。

5. 市場投入予定
新しい電動車は、来年の夏に市場に投入される予定。

026　ビジネス文章に変換する

　社内のやり取りはSlackやTeamsなどを利用している企業も増えてきました。チャット内で砕けた文体でやり取りした内容でも生成AIを利用して変換すれば、社外に宛てて提出しても問題ないレベルの文章に仕上げることができます。

 User Prompt

以下のネットワーク障害対応中のチャットのやり取りをもとに、取引先へ提出する正式な報告書に書き換えてください。

📋変換したい文章を入力（例：チャットのやり取り）

2023年10月06日
14:05 - メンバーA：「現在チケット予約サービス〇〇にアクセスできないとの報告が
　　　　　　　　　　多数。ネットワーク障害の可能性。状況を確認してください。」
14:06 - メンバーB：「ログ確認中」
14:07 - メンバーC：「報告はどのエリア多い？」
14:08 - メンバーA：「特定の地域ではなく、全体的に影響」
14:10 - メンバーD：「トラフィックが急増」
14:12 - メンバーB：「サーバーログに特定のエラー多発してます。データベースへの
　　　　　　　　　　接続がタイムアウトしてそう」
14:14 - メンバーC：「今ファイアウォールの設定を確認しています。何か不審な動き
　　　　　　　　　　がないかチェックします。」
14:16 - メンバーA：「ユーザーに対して現在対応中である旨を通知します。20分に
　　　　　　　　　　ウェブサイトにも対応中アナウンスを表示します。」
……後略

Answer Sample

ネットワーク障害発生に関する対応報告書

発生日時
2023年10月6日　14:05

影響範囲
チケット予約サービス○○全体

概要
2023年10月6日14時05分頃、チケット予約サービス○○にアクセスできないとの報告が多数寄せられました。初期の調査により、ネットワーク障害が発生している可能性が高いと判断されました。その後、迅速に対応を行い、サービスの復旧に努めました。本報告書では、その対応経過と原因、今後の対策について記載します。

――中略――

原因
データベースへの接続タイムアウト
サーバーのCPU使用率の急上昇
外部からのアクセス増加（DDoS攻撃の可能性）

今後の対策
サーバーリソースの自動拡張機能の導入
DDoS攻撃への対応強化
リソース監視ツールの改善
定期的なファイアウォール設定の見直し
以上

また、報告書以外にも一般的な形式の契約書や企画書であれば、メモや収集した資料を入力することで簡単に変換することができます。特にビジネスにおいては一般的な形式が確立されている文章が多いため生成AIで変換することと相性が良いと言えるでしょう。

> **Tips : ログファイルを利用する**
> 今回はチャットのテキストそのものをプロンプトにペーストして使用する例を取り上げましたがやり取りが長くなる場合はファイルの入力による方法も可能です。管理者であればSlackのワークスペースのエクスポート機能やTeamsのコンテンツ検索を利用してチャットログを出力することができるので、そのファイルを入力として利用しましょう。

027 画像中の文章をテキストに変換する

　ここでは最新のモデルChatGPT-4oで大幅に強化された画像の読み込み機能を利用して、入力画像に文字として描いてある内容を日本語のテキストとして出力してみます。

　これによりOCR（光学文字認識）機能のように、手書きのメモやスクリーンショットなどテキストデータになっていない情報を瞬時に変換することができます。さらに、合わせてプロンプトで情報の整理のタスクを指定すると、保存しておくのに適したテキストデータ化を行うことができます。

 User Prompt

画像はブレインストーミングを行った結果です。日本語のテキストを読み取ってください。

🗋 **メモ画像やスクリーンショットの画像を入力**

期間限定　新メニュー
ターゲット: 訪日観光客

和牛握り	トリュフ塩マグロ	柚子胡椒サーモン	抹茶塩のカルフォルニアロール	天ぷらにぎり	梅紫蘇タコ軍艦	カニみそ軍艦
アボカドエビ	ニンニク醤油はまち	柚子胡椒ブリ	わさびクリームチーズサーモン	燻製サバ	いくらとウニのハーフ＆ハーフ	ハーブ香る合鴨

Answer Sample

期間限定 新メニュー

ターゲット：訪日観光客

- 和牛握り
- トリュフ塩マグロ
- 柚子胡椒サーモン
- 抹茶塩のカリフォルニアロール
- 天ぷらにぎり
- 梅紫蘇タコ軍艦
- カニみそ軍艦

- アボカドエビ
- ニンニク醤油はまち
- 柚子胡椒ブリ
- わさびクリームチーズサーモン
- 燻製サバ
- いくらとウニのハーフ＆ハーフ
- ハーブ香る合鴨

User Prompt

これらのアイディアの中から何らかの共通点を見つけてグループ分けしてください。

Answer Sample

以下の新メニューアイディアを共通点に基づいてグループ分けしました

1. 和の素材を使用したもの
和牛握り
天ぷらにぎり
梅紫蘇タコ軍艦
カニみそ軍艦
燻製サバ

2. フュージョン料理
抹茶塩のカリフォルニアロール
わさびクリームチーズサーモン

3. 高級食材を使用したもの
トリュフ塩マグロ
いくらとウニのハーフ＆ハーフ

4. 柑橘系の風味を持つもの
柚子胡椒サーモン
柚子胡椒ブリ

5. 風味豊かな調味料を使用したもの
ニンニク醤油はまち
ハーブ香る合鴨

6. アボカドを使用したもの
アボカドエビ

028　箇条書きを文章に変換する

　打ち合わせや電話口のメモなど、私たちは文章ではなく単語や箇条書きで記録を残していることが多くあります。そのようなメモも生成AIに入力して文章に変換し記録しておくことで、日報やメール、チャットツールでの共有時のひと手間を解消し、業務の生産性が向上するでしょう。

　何より、低労力ですぐにできることは後回しにしがちな仕事のハードルを下げ、後から自分で見直した際にもしっかりわかる意味のある記録として活用することができます。

 User Prompt

以下の箇条書き情報を正確に読みやすい文章に変換してください。

営業会議（6月）
- プロジェクトの目標：新製品の市場導入
- 主なターゲット層：20代〜30代の若年層
- 販売チャネル：オンラインストアと厳選されたリテール店
- マーケティング戦略：SNSを活用したキャンペーン、インフルエンサーとのコラボレーション
- 予算：5,000万円
- 時間枠：6ヶ月間

 Answer Sample

6月に開催された営業会議において、次のような重要事項が議論されました。まず、プロジェクトの目標は新製品の市場導入です。主なターゲット層としては、20代から30代の若年層が設定されました。販売チャネルとしては、オンラインストアと厳選されたリテール店が選ばれています。マーケティング戦略においては、SNSを活用したキャンペーンやインフルエンサーとのコラボレーションが中心となります。予算は5,000万円で、プロジェクトの実行期間は6ヶ月間です。

029 テキストデータの整形を行う

業務で利用するデータの中には Excel ファイルの他にも CSV 形式で出力されるものもあることでしょう。ChatGPT は CSV 形式のデータの取り扱いも可能なので、そこに自然言語で条件を与えることで検索や分類、整形を行うことができます。

これまで専門のプログラミング言語知識やマクロやソフトウェアが必要だった作業も対話するような形で進行できるので、これを活用すれば今までデータの処理待ちで手が止まってしまっていた仕事もすぐに片づけられるようになります。

Chapter 3

User Prompt

以下の未整形の顧客データを、地域ごとに分類し整形してください。

顧客名, 地域, 購入商品, 購入日
山田太郎, 東京, ノート PC, 2021-04-10
鈴木一郎, 大阪, スマートフォン, 2021-05-15
佐藤花子, 東京, タブレット, 2021-06-20
中村悠真, 大阪, ノート PC, 2021-08-30

Answer Sample

東京

顧客名	地域	購入商品	購入日
山田太郎	東京	ノートPC	2021-04-10
佐藤花子	東京	タブレット	2021-06-20

大阪

顧客名	地域	購入商品	購入日
鈴木一郎	大阪	スマートフォン	2021-05-15
中村悠真	大阪	ノートPC	2021-08-30

Idea 030 メモから議事録を作成する

少し応用的な活用方法ですが、メモなどの断片的な情報を元となる情報として入力し、出力するフォーマットを条件として指定することで不足している行間部分を生成して埋めていきます。前述のとおりハルシネーションが起こりやすい使用方法になるため、業務においては確認体制を構築しておくことが重要です。

User Prompt

以下のメモの情報を整理して経営企画会議の議事録としてまとめて**下さい。**

- 10月から新組織体系へ
- 営業部を2部制に
- 営業部長→執行役員、〇〇副部長→営業一部部長、◇◇営業二部部長（出向先より戻る）、課長以下の人事は両部長と人事部で決定
- 営業利益の20％増加目標
- 新規地域営業職の採用計画を推進、今年度末までに10名増員

Answer Sample

経営企画会議 議事録

議題：新組織体系の導入と営業部門の再編に伴う各種計画の承認

1. 新組織体系への移行
会議では、10月からの新組織体系への移行計画について議論が行われました。この新組織体系のもとでは、以下の人事配置が決定されました。
営業部は2部制へと再編されます。
現営業部長は執行役員に昇格します。
〇〇副部長が営業一部の部長に就任します。
◇◇氏が出向先から戻り、営業二部の部長に就任します。
課長以下の人事については、両部長と人事部で決定することになります。

……後略

さらにChatGPT-4oでは入力する情報の数や種類が増えたことで、できることの幅が広がりました。例えば、複数人のメモを入力し情報の整理をしてから出力させたり、録音した情報を入力しテキストデータ化して議事録の形式で出力させると入力するための情報を集める労力も減らすことができます。

Tips：新しい議事録の作り方

近年では一般的になったビデオ会議では録画機能が設けられていることがあります。録画したデータをそのまま保管するのではなく、生成AIでそのサマリーを文章で作成していつでも読み出せるようにしておき、録画データそのものは圧縮しておくという使い方もあるでしょう。

User Prompt

作成した議事録を、入力したフォーマットに合わせて整理してください。重複する内容や誤字があった場合は修正して、末尾に修正内容を記録してください。

📄 フォーマットを入力（例：メール用テンプレート）

Answer Sample

経営企画会議 議事速報
議題：新組織体系の導入と営業部門の再編

❶ 新組織体系への移行
- 10月から新組織体系へ移行する。
- 営業部を2部制に再編する。
- 営業部長は執行役員に昇格。
- 〇〇副部長が営業一部の部長に、◇◇氏が出向先から戻り営業二部の部長に就任。
- 課長以下の人事は、両部長と人事部で決定する。

❷ 営業利益目標の設定
- 新組織体系のもとで、営業利益の20%増加を目標とする。
❸ 新規採用計画の推進
- 新規地域営業職の採用計画を推進し、今年度末までに10名の増員を目標とする。

修正内容
- 冗長な説明を削除し、要点を簡潔にまとめた。
- フォーマットに従い、見出しに番号を振り、不要な情報を削除した。

031
業務手順書をまとめる

普段当たり前のように行っている作業であっても、いざ手順書にまとめるように指示されるとなかなか文章にするのが苦手だという方もいるかと思います。そんな時は手順を箇条書きにして入力し、出力時の条件として手順書の形式を指定しましょう。後は出力結果を確認しながら、自社のフォーマットに転記して体裁を調整すれば完成です。

User Prompt

以下の箇条書きの操作手順を、手順書の形式で出力してください。

\# 在庫棚卸方法
- 部品、原料、資材ごとに Excel ファイルを選んで開く
- 現在の在庫数を確認する
- それぞれの出庫確認数と前月の報告数の数字と確認
- 数が合わない場合は、もう一度現物を確認
- 数が問題なければ、今月の在庫数として別名でファイルを保存
- 現物が見つからないときは、管理者へ報告

Answer Sample

在庫棚卸方法 手順書

1. Excel ファイルの選択と開封
部品、原料、資材ごとに対応する Excel ファイルを選んで開きます。

2. 在庫数の確認
現在の在庫数を確認します。

3. 出庫確認数および前月の報告数の確認
各在庫項目について、出庫確認数と前月の報告数を確認します。

4. 在庫数の再確認
数が合わない場合は、もう一度現物を確認します。

……後略

032　メモを引き継ぎにまとめる

ミスの許されない現場では生成AIを利用することには高いハードルがあると思います。生成AIによる入力情報の整理は高い正確性があるため有効です。さらにチャット形式であることを活かして、**ユーザーに対して情報不**足部分の追記を促すといった補助的な使い方をすることができます。これにより、引継ぎ担当者が重要な情報を伝え忘れることを防ぐことが期待できます。

User Prompt

以下の内容を、製造ラインごとに分類して引継ぎを作成してください。また、情報が不足している可能性がある部分があれば指摘してください。

ライン1 後工程で不具合多発、業者への点検依頼した
ライン7 欠勤者の対応で計画停止中。製造数指示に従って他ラインと配置の調整して
ライン3 部品の納品が遅れており明日の昼まで稼働停止中。掃除とメンテナンスできる
ライン1 業者から返答あり。明日の生産開始前に点検、その後1時間ほど立ち合い予定。
ライン2 倉庫への搬送でトラブル多発。原因不明のため空き時間でカメラ確認すること

Answer Sample

ライン1　引継ぎ内容:
1. 後工程で不具合多発
   • 業者への点検依頼を実施。
2. 業者からの返答
   • 明日の生産開始前に点検予定。
   • 点検後、1時間ほど立ち合い予定。
3. 不足している可能性がある情報:
   • 不具合の詳細 (具体的な問題の内容や範囲)。
   • 業者の具体的な点検開始時間。
   • 業者の連絡先情報。

……後略

033 文章に合わせてグラフを作成する

ChatGPT-4を使えば面倒なグラフ作成もテキスト指示だけで可能です。ここではスペースで区切られただけのテキスト情報からグラフを作ってもらいます。また、出力結果を見ながらグラフの修正もチャット画面を通じて行うことができます。

User Prompt

以下の情報をもとに都道府県ごとの売上の変化を表した折れ線グラフを作成して出力してください。

都道府県名 20年売上（千円）21年売上（千円）22年売上（千円）23年売上（千円）

東京都 500,000 525,000 540,000 568,000
大阪府 300,000 305,000 320,000 325,000
愛知県 250,000 260,000 280,000 310,000
福岡県 200,000 190,000 230,000 220,000
北海道 150,000 175,000 160,000 185,000

Answer Sample

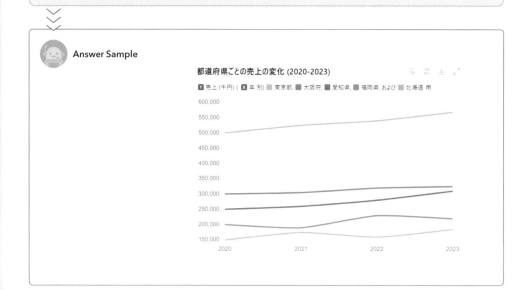

都道府県ごとの売上の変化 (2020-2023)

グラフが完成したら、これまでの情報をExcelファイルにまとめて出力してもらいます。この方法の応用例としては、テキストとしての入力だけでなく、あらかじめExcelファイルにデータを入力しておき、それを読み込ませて複雑なグラフを作る処理をChatGPTで行うという方法があります。ChatGPT-4の時点では日本語でグラフを正確に作ることは難しかったですが、ChatGPT-4oになってからは特に難解な設定を行うことなく利用できるようになりました。

User Prompt

ここまでの情報をExcelファイルにまとめて出力してください。
また、Excelファイルにはグラフも作成してください。

Answer Sample

以下のリンクから、都道府県ごとの売上変化をまとめたExcelファイルをダウンロードできます。このファイルには売上データとグラフも含まれています。

📄 都道府県ごとの売上変化.xlsx

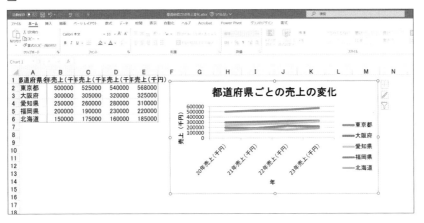

Idea
034　文章に合わせて表を作成する

表の作成もChatGPT-4もしくは4oを使うことでテキスト指示のみで実行することができます。この機能にもグラフの作成同様にプログラミング言語Pythonが利用されています。また、事前にデータ整形と整理を行う部分からChatGPTを利用するのも良いでしょう。生成した結果はチャット画面上で確認した後にCSVファイルとして出力することができます。

User Prompt

以下の情報をもとに会員数のデータをまとめた表を作成してください。

〇〇ジム　大阪府内の店舗別館員数の変化（24年6月）
店舗名 会員数 入会人数 退会人数 増減
大阪市中央区 1,200 150 100 +50
堺市 900 120 80 +40
東大阪市 700 100 60 +40
吹田市 600 90 70 +20
豊中市 500 80 50 +30

Answer Sample

〇〇ジム 大阪府内の店舗別館員数の変化（24年6月）

	店舗名	会員数	入会人数	退会人数	増減	
1	大阪市中央区	1200	150	100	50	
2	堺市	900	120	80	40	
3	東大阪市	700	100	60	40	
4	吹田市	600	90	70	20	
5	豊中市	500	80	50	30	

また、ChatGPT-4oではPowerPointファイルに埋め込んで出力することができます。グラフ作成と同様に、最終的に見た目を整えるには自分の手で作業する必要がありますが、ちょっと面倒なグラフの挿入をテキスト指示で行うことができるので、今後の進化の方向としてチャットのやり取りだけでレイアウトの調整ができるようになることを期待しましょう。

User Prompt

この表をpptxファイルに埋め込んで出力してください。

Answer Sample

以下のリンクから、作成したpptxファイルをダウンロードできます。

大阪府内_店舗別会員数の変化_24年6月.pptx

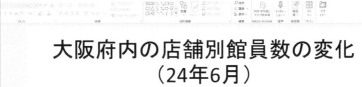

店舗名	会員数	入会人数	退会人数	増減
大阪市中央区	1200	150	100	50
堺市	900	120	80	40
東大阪市	700	100	60	40
吹田市	600	90	70	20
豊中市	500	80	50	30

035 文章を要約する

　続いては生成AIの代表的な使い方の1つである要約を使っていきましょう。文献をもとに情報収集する際にはあわせて内容を要約するとかなりの時短に繋がります。一方で見落としのリスクがあるため報告するタスクを組み込んで使ってみましょう。

 User Prompt

以下の文章を要約してください。特に重要な内容については最後にまとめて報告してください。

近年、人工知能（AI）技術の急速な進化は、日常生活やビジネスのあり方を根本から変革しています。特に生成AI（Generative AI）は、テキスト、音声、画像、動画などのデジタルコンテンツを自動生成することで、多方面にわたる革新的な応用が期待されています。このレポートでは、日本人と生成AIの関係の現状と今後の展望について探求します。生成AIは、機械学習モデルを用いて新たなデータを生成するAI技術の一種です。例えば、自然言語処理を用いたテキスト生成、GAN（Generative Adversarial Networks）を用いたリアルな画像の生成などがあります。これらの技術は、クリエイティブ産業、コンテンツ制作、情報検索、教育、エンターテイメントなど、多岐にわたる分野に応用されています。日本では、生成AI技術を活用したサービスや製品が続々と登場しています。特にエンターテイメント産業におけるアニメーションやゲームの分野では、生成AIを活用したキャラクターデザインや背景生成が注目を集めています。また、自動記事生成や翻訳、要約サービスなどのテキスト生成AIも、ニュースメディアや出版業界での採用が進んでいます。生成AIのさらなる発展は、日本においても多大な潜在能力を秘めています。一方で、生成AIによるコンテンツの著作権や倫理的問題、偽情報の拡散など、新たな課題も浮上しています。これらの課題に対処するためには、技術開発だけでなく、法的・倫理的枠組みの整備が重要です。特に日本は、アニメーションやゲームなどのクリエイティブ産業が世界的に高い評価を受けている点で独自の強みを持っています。生成AIを活用することで、これらの産業の生産性向上や新たなクリエイティブな表現の可能性が広がります。さらに、高齢化社会における医療や介護、教育の分野でも、生成AIによるパーソナライズされたサービスの提供が期待されています。

Answer Sample

要約：日本人と生成AIの関係の展望

概要
- **生成AIの技術**：テキスト、音声、画像、動画などを自動生成する技術。
- **主な応用分野**：クリエイティブ産業、コンテンツ制作、情報検索、教育、エンターテイメントなど。
- **日本での応用例**：アニメーションやゲームのキャラクターデザイン、背景生成、自動記事生成、翻訳、要約サービス。

日本での生成AIの現状
- **エンターテイメント産業**：アニメーションやゲーム分野でのキャラクターデザインや背景生成。
- **ニュースメディアと出版業界**：自動記事生成や翻訳、要約サービスの採用。

生成AIの潜在力と課題
- **潜在能力**：生産性向上、新たなクリエイティブ表現の可能性、医療・介護・教育分野でのパーソナライズされたサービス提供。
- **課題**：著作権問題、倫理的問題、偽情報の拡散。……後略

重要な内容
- 生成AIはクリエイティブ産業やエンターテイメント、教育など多岐にわたる分野で革新的な応用が期待されている。
- 日本では特にアニメーションやゲーム分野での生成AIの活用が進んでおり、高い評価を受けている。
- 生成AIの発展に伴い、著作権や倫理的問題、偽情報の拡散などの課題が浮上している。
- これらの課題に対処するためには、技術開発だけでなく法的・倫理的枠組みの整備が重要である。
- 高齢化社会における医療や介護、教育分野でも生成AIのパーソナライズされたサービス提供が期待されている。

要約した内容を確認し、気になる内容があった部分を中心とした要約に変更して出力させてみましょう。一方で、生成AIにはバイアス（偏り）があることを忘れてはいけません。より正確に理解するために原文を自分で読み直すことも重要です。

Tips：検索と要約を組み合わせる

要約タスクを利用する際は検索タスクと合わせることでその真価を発揮します。ChatGPT-4もしくは4oを利用すればWebを利用した検索もできるので、「関連する文章」などを一緒に探すこともできます（P.172参照）。

Idea 036 テキストファイル形式の資料を要約する

ChatGPTはテキストファイルそのものを入力として利用することができるため、長めの資料の要約も対応できます。注意点としては入力トークンの制限があるため、上限を超えるようなテキストを使用する場合は分割する必要があるところです。トークンの上限数はアップデートによって段階的に増えています。もし入力したファイルがトークン上限エラーだと返された場合は、いくつかに分けてそれぞれで要約しましょう。

User Prompt

テキストファイルの内容を要約してください。

📄テキストファイルを入力（例：生成AIが抱えているジレンマ）

Answer Sample

1. 倫理的ジレンマ
   - ディープフェイクと虚偽情報：虚偽の情報や映像を生成し、社会的不安や個人の名誉を傷つける可能性。
   - 著作権侵害：既存の作品を基に生成されたコンテンツが著作権を侵害するリスク。
2. 社会的ジレンマ
   - 労働市場への影響：自動化によりクリエイティブ職業の減少と失業率の増加。
   - 偏見と差別の拡大：訓練データの偏りが生成物に反映され、社会的不公平を助長。
3. 技術的ジレンマ
   - ブラックボックス性：モデルの動作が不透明で、信頼性の確保が難しい。
   - 訓練データの品質とバイアス：データの偏りが生成結果に影響。

……後略

037 メールやスレッドのやり取りを要約する

メールやスレッドのやり取りも長くなってくると、本来の内容からそれてしまうことも多々あります。ここではそれらのやり取りを入力して要約させることで情報を整理する方法を試してみましょう。また、入力情報に対して「残っているタスクは何か」のような確認タスクの条件を追加することでチェック機能としても活用できます。ぜひサンプルファイルを使って試してみて下さい。また、学習に使われることがない状態で利用するようにしましょう。

 User Prompt

以下のメールのやり取りを要約して、内容ごとにまとめて下さい。また、残っているタスクがあれば最後に指摘してください。

 メールなどのやり取りの文章を入力
（例：取引先へ後任者を紹介するための日程調整）

 Answer Sample

要約

内山様からのメール（2024年6月1日）
1. 打ち合わせの候補日として6月4日（火）17時を提案。
2. 形式については来場またはZoomのどちらか希望の形式を指定してほしい。
3. 当日、後任の寺田さんも挨拶予定。

及川様からの返信
1. 6月4日17時の打ち合わせについて了承。
2. 会議室を予約済み。
3. オンラインまたは対面のどちらかご都合のよい方で行いたい。

残っているタスク
オンラインにするか対面にするか決定すること。

Idea
038　議事録を要約して読む

　自分が出席していない会議の後に、長々と した議事録が送られてきた際には、まずは生 成AIで要約して全体像をつかんでから詳細を 読むと良いでしょう。また、「〇〇に関係す る内容に着目して」のように条件を付けて、 目的に合わせた要約を行うこともできます。

 User Prompt

営業会議の議事録をネット販売に関係する内容に着目して要約してください。

📄 要約したい議事録（例：営業会議の議事録）

 Answer Sample

以下は、2024年5月24日に行われた営業会議の議事録から、ネット販売に関連する 内容に着目して要約したものです。

会議概要
• 日時：2024年5月24日（金）10:00〜11:00
• 場所：第3会議室
• 参加者：田中（営業部長）、山田（マーケティングマネージャー）、佐藤・鈴木（営業担当）、 高橋（広告担当）

ネット販売に関連する議事内容
ネット広告の拡充
1. 広告戦略の強化
　高橋（広告担当）
　• 新商品の発売に合わせ、既存製品を含めたネット広告キャンペーンを強化。
　• SNS広告、検索エンジン広告、ディスプレイ広告を多角的に活用。
　• インフルエンサーとのコラボレーションも進行中。
　• ネット広告予算は全体のマーケティング予算の20%を充てる予定。

……後略

039　Webページを要約して読む

　SEOが優先される昨今のWebページではなかなか求めている情報にたどり着けないことも少なくありません。ChatGPT-4以降のモデルで対応しているWeb検索機能を利用して効率的な情報検索を始めましょう。プロンプト条件に、「結論を先に出力して」と指示する

ことで調べているWebページに求めている情報がありそうかすぐに判断できます。

　また、生成AIが出力している最中に、他の業務や調べごとを進めたりすることで無駄なく時間を過ごすことができます。

 User Prompt

以下のURLのWebページを、結論を先に出力する形で要約してください。

 要約したいWebページのURL
（例：文化庁／令和5年通常国会 著作権法改正について）

 Answer Sample

令和5年通常国会で成立した著作権法改正の主な内容は以下の通りです。

1. 新たな裁定制度の創設：著作物の円滑な利用を目的とし、文化庁長官の裁定に基づく利用が可能となる。

2. 公衆送信権の見直し：立法・行政目的の内部資料として著作物を利用する際の権利制限を見直す。

3. 損害賠償額の算定方法の見直し：著作権侵害に対する損害賠償請求訴訟における著作権者の負担を軽減する。

……後略

040 ベタ打ち文章を校正する

　ここではベタ打ちの文章を読みやすく整った文章に校正していきましょう。自分の中では整っているように見えても、文末の不揃いや接続詞の重複など別の視点で見直すと見つかる部分もあります。ここでは生成AIに指摘側の役割を果たしてもらいます。

 User Prompt

以下の文章の校正を行い、最後に指摘内容をまとめて下さい。

いつも弊社製品をご利用いただき、ありがとうございます。新製品の発売を延期いたします。この原因としては最終的な品質確認の過程で問題が見っっかったためです。新しい発売日については、問題が解決次第、ご案内させていただきます。ご理解のほどよろしくお願いいたします。

 Answer Sample

修正後の文章:

いつも弊社製品をご利用いただき、ありがとうございます。新製品の発売を延期いたします。この原因としては、最終的な品質確認の過程で問題が見つかったためです。新しい発売日については、問題が解決次第、ご案内させていただきます。ご理解のほど、よろしくお願いいたします。

指摘内容:

- 「見っっかった」を「見つかった」に修正しました。誤字を正しました。
- 「この原因としては」の後に、読点 (,) を追加しました。文章の流れを自然にするためです。
- 「ご理解のほどよろしくお願いいたします。」の部分において、読点 (,) を追加して、「ご理解のほど、よろしくお願いいたします。」としました。文の区切りを明確にして、読みやすさを向上させるためです。

ちょっとした文章でも誤字や脱字、誤解を生みそうな表現がないかチェックすることが重要です。生成AIは何度作業をお願いしても文句を言ったりしません。また、不安な部分は複数案の出力やそれぞれの理由も合わせて出力する指示を指定しましょう。

> **Tips：役割で指示を強化する**
> 生成AIの利用方法として**「役割を与える」という使用方法があります**。例えば校正のタスクであれば「厳格な校正者」のように指定することで、まるで人格があるかのように振る舞わせます。この使い方はアドバイスを求める際によく利用する方法です。

User Prompt

顧客サポートの視点から**より日頃の感謝と理解を求めるトーン**で同じ文章を校正してください。

Answer Sample

いつも弊社製品をご愛顧いただき、心から感謝申し上げます。大変申し訳ございませんが、新製品の発売を少々お待ちいただくことになりました。この遅延の背景には、最終品質確認の段階で見つかった小さな問題があります。私たちはお客様に最高の製品をお届けしたいという一心で、この問題の迅速な解決に努めております。新しい発売日については、状況が整い次第、速やかにご案内させていただきます。

お客様にはご不便をおかけし、心よりお詫び申し上げます。弊社製品への変わらぬご支持を賜りますよう、何卒ご理解いただきますようお願い申し上げます。

指摘内容のまとめ:

- 顧客への感謝の表現を強化し、「いつも弊社製品をご利用いただき」を「いつも弊社製品をご愛顧いただき」と変更しました。
- 問題の発生を伝える文言をやわらげ、「問題が見つかった」を「小さな問題があります」と表現を変更しました。
- ……後略

Idea
041　形式を指定して文章を校正する

正確な校正が必要な文章としては、広く外部に公開されるプレスリリースなどが該当することが多いと考えられます。事前に形式を指定することでその形を保ったまま、よりふさわしい文末や言葉遣いに校正することができます。

User Prompt

新商品に関する見出し付きのプレスリリースの形式で校正してください。

📄 校正したい文章やファイルを入力（例：保険の新商品についてのプレスリリース）

Answer Sample

プレスリリース

安心生命保険株式会社、新商品「いつまでも家族で安心積み立て年金」を発表
2023年10月10日

安心生命保険株式会社（本社：東京都中央区、代表取締役社長：田中太郎）は、本日、新商品「いつまでも家族で安心積み立て年金」の発売を正式に発表いたしました。

「いつまでも家族で安心積み立て年金」の概要
「いつまでも家族で安心積み立て年金」は、将来の生活資金を計画的に積み立てることができる新しいタイプの年金保険です。本商品は、以下の特徴を持っています。

- **柔軟な積立プラン**：お客様のライフステージに合わせて、積立金額や期間を自由に設定できます。家族構成や将来の計画に応じて、最適なプランを選択することが可能です。
- **安心の保障内容**：契約者に万が一のことがあった場合でも、家族が安心して生活を続けられるよう、しっかりとした保障を提供します。特に、遺族年金や介護保障など、家族の安心を第一に考えた内容となっています。
- **税制優遇制度の活用**：本商品は、個人年金保険料控除の対象となっており、節税効果も期待できます。これにより、家計の負担を軽減しながら将来の資金を確保することが可能です。
- **専門家によるサポート**：お客様一人ひとりに専任のアドバイザーが付き、最適なプランの提案や見直しをサポートします。ライフイベントや経済状況の変化にも柔軟に対応します。

　……後略

Idea
042　目的を指定して文章を校正する

生成AIで校正を行う際には入力した文章に対して「どんな文章なのか」、「誰に宛てた文章なのか」を指定することで、その裏にある目的を汲んだ文章を生成することができます。

この例のように失礼の許されないトラブル対応時の文章チェックやブラッシュアップにも活用できます。

User Prompt

入力した文章は取引先への不良品発生の原因報告書です。相手に誤解させることがないように正確な表現に校正してください。

📄 校正したい文章やファイルを入力（例：自動車のリコールに関する原因報告書）

Answer Sample

不良品発生の原因報告書

報告書番号：2023-001
報告日：2023年10月10日
報告者：品質管理部 部長 山田一郎
対象製品：XYZモデル（2022年製造）

1. はじめに
本報告書は、2023年9月に発生した〇〇モデルのリコールの原因となった不良品の発生原因について調査し、その結果を報告するものです。

2. 不良品の概要
不良内容：ブレーキシステムの不具合
影響範囲：2022年1月から2022年12月に製造されたXYZモデル全車両
報告件数：顧客からの報告件数は計150件
事故件数：重大な事故は5件（人的被害なし）

……後略

Idea
043　複数の校正案を作成する

数を明確に指定することで複数パターンの校正を生成できます。複数案を同時に作成することで校正案の幅が広がり、そこから自分で吟味し、修正に反映させることができるようにしましょう。

 User Prompt

以下の文章から、校正案を5個作成してください。

米倉様

こんにちは。〇〇株式会社の山田です。

お忙しいところ恐れ入りますが、現在進行中のプロジェクトに関する資料の確認をお願いできますでしょうか。添付ファイルに資料を添付いたしましたので、ご確認いただけますと幸いです。

ご多忙のところ恐縮ですが、何卒よろしくお願いいたします。

 Answer Sample

・校正案1

米倉様

こんにちは。〇〇株式会社の山田です。

お忙しいところ恐れ入りますが、現在進行中のプロジェクトに関する資料の確認をお願いできますでしょうか。添付ファイルに資料をお送りいたしましたので、ご確認いただけますと幸いです。

ご多忙の折恐縮ですが、何卒よろしくお願い申し上げます。

・校正案2

……後略

044 校正部分と理由を確認する

校正というタスクに重ねて、間違った部分の指摘というタスクを組み合わせることで、より論理的な正解を導こうとするテクニックです。理由を確認した上で、最終的にユーザーが原文に戻す判断を下したり、さらにその部分に関して「追加の校正案を考えて下さい」のようにプロンプトを使うことで文章の校正を進めていきます。

User Prompt

以下の文章を校正してください。さらに修正箇所を指摘して、その理由も合わせて出力してください。

📄 構成する文章（例：新規開発するマッチングアプリに関する報告書）

Answer Sample

以下に校正した文章を記載し、修正箇所とその理由を説明します。

新規開発するマッチングアプリに備えておくべき機能
1. はじめに
マッチングアプリが男女別の初婚年齢に与える影響を踏まえ、今後のアプリ開発においては、ユーザーのニーズに応えるための機能を強化することが重要です。本レポートでは、今後開発するマッチングアプリに備えておくべき機能について考察し、提案します。

—中略—

修正箇所とその理由
1. リストの形式統一
各機能の箇条書きを「・」で始める形式に統一しました。これにより、視認性が向上し、読み手に内容が整理されて伝わります。

2. 文章の微調整
一部の文言を修正し、簡潔かつ明確に表現するようにしました（例：信頼性と安全性の向上、UI/UXの改善など）。これにより、内容がより具体的かつ分かりやすくなります。

……後略

045

日本語を英語に翻訳する

生成AI登場以前の最も身近にあって利用されてきたAIサービスと言えば翻訳を思い浮かべる人も多いでしょう。現在はブラウザやメールアプリの機能に内蔵されていることも多いですが、生成AIを利用するとより詳細な条件を設定して翻訳することができます。

User Prompt

以下のメールをビジネス文体の英語に翻訳してください。

件名：明日の会議についてのお知らせ

拝啓

いつも大変お世話になっております。明日のプロジェクト会議について、以下の点をご確認いただけますと幸いです。

会議は午前10時からオンラインで開催されます。
議題は新プロジェクトの進行状況と次のステップについてです。
参加を予定している方は、事前に資料をご確認ください。
何卒よろしくお願い申し上げます。

敬具

Answer Sample

Subject：Notice Regarding Tomorrow's Meeting

Dear all,

I hope this message finds you well. I would like to confirm a few details about tomorrow's project meeting:

The meeting will be held online at 10 AM.

The main agenda will be the progress of the new project and the next steps.

Those planning to attend, please make sure to review the materials in advance.

Thank you for your attention to this matter.

Best regards,

　このように翻訳の目的を指定することで、今までの翻訳機能になかった自分が望む形での翻訳が可能になります。また、簡体中国語やスワヒリ語でのビジネス文体指定や、チャットツール用の砕けた口調など、時と場合に応じて使い分けることができます。

> **Tips：再生成を活用する**
>
> 生成AIはその成り立ちから、学習元として使われた言語比率に応じて言語理解能力に差があることが知られています。日本語をはじめとするマイナーな言語ではやや不正確な部分があることも想定して、繰り返し確かめることで正確性を向上させるようにしましょう。

User Prompt

先ほどのメールを今度はビジネス文体の簡体中国語に翻訳してください。

Answer Sample

抱歉，让我重新翻译整个内容为简体中文。

件名：关于明天会议的通知

尊敬的，

感谢您一直以来的大力支持。关于明天的项目会议，希望您能确认以下几点：

- 会议将于上午10点通过在线方式举行。
- 议题是新项目的进展情况和下一步的计划。
- 如果您计划参加会议，请事先查看相关材料。

期待您的参与，谢谢。

此致

Idea
046
知らない言語を日本語に翻訳する

　翻訳サイトの機能のように翻訳元の言語の自動検出を行ってから翻訳するプロンプトです。ChatGPT-4以降のモデルでは入力文と「翻訳してください」だけで機能する場合もあ

りますが、タスクをステップごとに分けて指定することで、より正確な翻訳文章の出力が期待できます。

User Prompt

以下のURLの文章が何語で描かれているか判定し、**その言語から日本語へと**翻訳してください。

翻訳したい文章（例：https://www.moph.gov.qa/arabic/strategies/National-Health-Strategy-2018-2022/Pages/default.aspx）

Answer Sample

リンク先の文章はアラビア語で記載されています。
以下に日本語への翻訳を示します。

日本語への翻訳
国家健康戦略 2018-2022
カタールの医療システムは近年、重要な変革を遂げました。新しい医療施設やサービス、技術への投資が増加し、急速に増加する人口の健康ニーズに応えるための医療基盤を強化しました。カタール国家ビジョン2030の人材開発の柱は、身体的および精神的に健康な国民を目指しています。この国家ビジョン2030の達成に向けて、2018-2022年の国家健康戦略は、国家開発戦略の8つの部門戦略の1つとして、次の成長期を示しています。

Idea 047 文化背景を考慮して翻訳する

ネット上の文章は掲示板サイトのように多数のスラングが使用されていたり、自分とは異なる文化的背景を持った人物同士が会話をしているため、ただ翻訳するだけではうまくその意味が受け取れない場合があります。そういった際には、**テキストの出どころを明示しプロンプトに解説を追加するように指示を盛り込む**ようにしましょう。

User Prompt

入力した文章は Instagram 上の韓国語の会話です。これを**日本語に翻訳して**ください。**必要に応じて**固有のスラング表現や文化的背景の注釈を文末に追加してください。

📋翻訳したい Web 上の文章（例：韓国で人気のインフルエンサーとファンとの交流）

Answer Sample

インフルエンサー
皆さん、こんにちは！ 今日は何をしましたか？気になります！😎✨
ファンA
お姉さん！今日は本当に美味しいカフェに行ってきました！☕🏠最高でした！🐵
インフルエンサー
わあ！本当に？どこのカフェですか？私も行ってみたいです！💕
ファンB
お姉さん、最近何を見ていますか？🎬
インフルエンサー
最近「イテウォンクラス」っていうドラマを見ています！本当に面白いです！😄✨

注釈
「언니 (オンニ)」：韓国語で「お姉さん」を意味する。親しい間柄で年上の女性に対して使う呼び方。
「대박 (テバク)」：韓国語で「すごい」「最高」という意味のスラング。
ドラマ「イテウォンクラス」：韓国の人気ドラマで、多くの視聴者から支持されている。

Idea 048 専門的な内容の文章を翻訳する

　一般的な翻訳サービスではなかなか正確に翻訳できない専門的な文章でも、生成AIで条件を指定することで限りなく自然な日本語に翻訳することができます。ここでは強引な翻訳を防ぐために「固有名詞は原文のまま」という指示を与えます。

User Prompt

入力ファイルは外国語で記載された核融合に関する文章です。これを日本語に翻訳してください。ただし、専門用語のような固有名称は原文のままで出力してください。

📄 翻訳したい専門的な内容の文章（例：核融合について英語で記述されたレポート）

⌄⌄

Answer Sample

報告書：核融合の成果と将来の課題
1. はじめに
核融合は、太陽のエネルギー生成プロセスを模倣することで、事実上無限のクリーンエネルギー供給を約束する「エネルギー生産の聖杯」と考えられています。数十年にわたる研究開発にもかかわらず、実用的かつ経済的に実現可能な核融合の達成は依然として難しい課題です。この報告書では、これまでの核融合の主な成果と、その可能性を実現するために対処しなければならない将来の課題を概説します。

2. 核融合の成果
2.1 科学的なマイルストーン
初の制御された核融合反応：1958年に初めて制御された核融合反応が達成され、重要な科学的マイルストーンとなりました。
磁気閉じ込め核融合 (MCF)：トカマクやステラレーターの開発は、プラズマ閉じ込めの理解を進める上で重要な役割を果たしました。Joint European Torus (JET) やITERプロジェクトはその顕著な例です。
慣性閉じ込め核融合 (ICF)：米国の National Ignition Facility (NIF) など、強力なレーザーを使用して核融合条件を達成する技術の進展が見られました。

……後略

Idea
049　翻訳が正しいか確認する

　英語だけでなく様々な言語でも使えるテクニックとして、再度日本語に翻訳させることで誤っている部分を見つけ出します。日本語としては一般的な表現でも、その言語の文化圏では不適切な表現であるような内容が紛れ込んでいないか確認できます。専門的な知識を持っていなくても簡易的なチェックができるのはこれまでの翻訳と一線を画す使い方と言えるでしょう。

User Prompt

以下の外国語の文章を日本語に翻訳してください。また、原文の言語を特定し、文法上の誤りや不適切な表現がないか確認して下さい。

📄確認したい文章（例：AIで一度中国語に翻訳した日本文化についてのレポート）

Answer Sample

以下の文章を日本語に翻訳しました。また、原文は中国語で書かれています。文法上の誤りや不適切な表現は見当たりませんでした。

現代における日本文化の存在
序論
日本文化は現代社会においても独自の魅力と影響力を保持しています。伝統的な茶道や和服から現代のアニメやビデオゲームに至るまで、日本文化はその豊かな多様性と深い歴史的背景により、世界中で広く認知され、愛されています。

伝統文化の継承
茶道
茶道は日本文化の重要な一部であり、単なる飲茶の方法ではなく、生活の芸術でもあります。茶道を通じて、人々は静寂と内なる平和を体験できます。現代社会においても茶道は多くの人々に愛され、修養の手段として伝承されています。

……後略

Microsoft Copilotについて知っておこう

仕事を大きく変えるかもしれないツールMicrosoft Copilot

ChatGPTの利用を皮切りにたくさんのAIツールやサービスがリリースされてきましたが、今後最も注目するべきなのはMicrosoft Copilotシリーズかもしれません。これはMicrosoftが提供する製品に搭載されたAIアシスタントシステムで、徐々に日本の企業でも利用が広がっているサービスです。一般に知られているような文章生成や画像生成だけでなく、Microsoftが提供するOfficeソフトシリーズの操作を補助するCopilotと呼ばれる機能が開発されています。

AIはより細かく実装される

ここまでで紹介してきたプロンプトのアイディアのように、私たちのビジネスの中には生成AIを利用することで簡略化できるものがたくさんありますが、これをわざわざChatGPTに打ち込んで利用するのではなく、Copilotによって各ソフトで処理することができるようになればさらに便利になります。しかも、各ソフトに特化した処理ができるようにCopilot自体も調整が進むことでしょう。これによりChatGPTのようなLLMでこなそうとするとなかなかうまくいかなかったタスクも高精度で実行できるようになることが予想されます。

脱ChatGPTは進むのか？

Officeシリーズのアプリケーションによって私たちの仕事はかなり補助されていますが、今後はCopilotも合わせて活用することで、非常に短時間のうちに業務をこなせるようになるでしょう。一方でまだまだ費用対効果の面で疑わしいという声もあります。Office365を含めサブスクリプション形式のサービスの契約は企業にとってかなり大きな負担になるため、これらの機能に劇的な効果がなければ、今後も多くの企業では限定的な業務に限ってのChatGPTの利用やOpenAI API（P.196参照）を利用した社内アプリケーションが一般的な形となるでしょう。そういった点からも、まずはChatGPTを利用しながら組織レベルで生成AIの利用に慣れていくことが重要だと考えます。

Chapter

4

アドバイスをもらう

文章/資料を作ることだけが仕事ではありません。会議や営業、時には経営判断など非定常的で難しい仕事もあります。そんな時はLLMにアドバイスを求めてみましょう。いつでも、何度でも相談できるとても頼もしい相棒として助けてくれます。

050　新規企画案を考える

　生成AIの出すアイディアはそのまま利用しようとしてもまだまだ実用的ではないかもしれませんが、目指すべきところは生成AIとの対話から自分で答えを見つけていくプロセスを構築することです。まずは市場を決めて、そこにピッタリな新規企画を検討していきます。

 User Prompt

教育の市場で高齢者の認知症予防を目的とする新規サービスの立ち上げを検討します。
具体的にどのようなサービスが考えられるか5件の候補を検討してください。

 Answer Sample

高齢者の認知症予防を目的とする新規サービスには以下のような候補があります

1. 脳トレーニングプログラム
    - 概要：高齢者向けのオンラインまたは対面の脳トレーニングセッションを提供する。記憶力や問題解決能力、注意力を向上させるためのゲームや課題を含む。
    - 特長：個別の進捗管理、難易度の調整、グループセッションによる社交性の向上。
2. フィットネスとヨガクラス
    - 概要：認知症予防に効果的な身体活動を促進するためのフィットネスとヨガクラス。オンラインおよび対面で提供され、柔軟性やバランスを改善し、全体的な健康をサポートする。
    - 特長：専門のインストラクターによる指導、個々の体力レベルに合わせたプログラム。
3. 音楽療法セッション

……後略

また、Idea050から054を通しで行うことで、1つの新規企画案を考えて販売するまでの戦略をChatGPTと対話しながら考えていけるようになっています。ぜひ順番に進めながら対話型生成AIの使い方を体験してみて下さい。続いては、製品化のアイディアがあるが市場が見つからない場合のパターンを試してみましょう。

> **Tips：対話形式で自分の考えをまとめる**
>
> アイディア出しとしての生成AIの使い方としては、条件を指定して「複数個の案を考えて下さい」といった形が一般的かもしれませんが、AIとの対話形式で出力に対してフィードバックを返していくことで、その最中に自分の中でも考えがまとまることがあります。どんなことでも相談できる相手として最大限活用していきましょう。

User Prompt

生成AIを利用したキャラクターチャットサービスを検討しています。
このサービスが既存のどの市場に参入できるか検討してください

Answer Sample

AIを利用したキャラクターチャットサービスが参入できる市場はいくつかあります。
それぞれの市場における可能性とその利点を検討してみましょう。

1. エンターテイメント市場
   - 対象顧客：ゲームプレイヤー、アニメ・マンガファン、映画ファンなど
   - 利点：
     - キャラクターの深い対話体験を提供し、ファンの没入感を高める
     - ゲームや映画のプロモーションツールとして活用可能
     - インタラクティブなストーリーテリングを実現
2. 教育市場
   - 対象顧客：学生、教育機関、オンライン学習プラットフォーム
   - 利点：
     - 学習内容を面白く、インタラクティブにすることで学習意欲を向上
     - 特定の歴史人物や科学者などのキャラクターを利用して、教科内容を分かりやすく説明
     - 言語学習における会話練習ツールとして利用可能

……後略

Idea
051　商品名・サービス名を考える

商品名・サービス名を考えるなどの選択肢を多く必要とする仕事では、無限に出力できる生成AIの力が活きてきます。「もっとユーモアを加えて」のように対話しながら条件を指定することで自分が議論をコントロールする立場になって使用してみましょう。また、出力に幅が欲しい場合は指定する条件を減らすことでランダム性をうまく利用できます。

 User Prompt

条件を元に商品名の候補案を考案し、その狙いについて説明してください。

ターゲット：一人暮らしの高齢者と遠方の家族
特徴：生成AIを利用した変化のあるコミュニケーションサービス。利用者に自発的な発言を促し、相槌やリアクションなど話を聞いてもらえる相手としての側面と、その内容をまとめて遠方の家族ユーザーに報告するサービス。

 Answer Sample

1. 商品名：ChatMinder（チャットマインダー）
狙い：
- 「Chat」はコミュニケーションや会話を連想させ、一人暮らしの高齢者に親しみやすさを感じさせます。
- 「Minder」は「思いやり」や「見守る」という意味合いを持ち、遠方の家族に安心感を与えます。

2. 商品名：HarmonyTalk（ハーモニートーク）
狙い：
- 「Harmony」は調和や安心感を意味し、心地よいコミュニケーションの場を提供するイメージを喚起します。
- 「Talk」は直接的に会話を連想させ、サービスの主な機能を明確に伝えます。

3. 商品名：EchoLink（エコーリンク）

……後略

Idea

052　キャッチコピーを考える

　商品名・サービス名を考えたら、次はマーケティング活動で使用するためのキャッチコピー案を出力させてみましょう。条件としては、キャッチコピーが「テレビCM」用なのか「ポスター」用なのかなどの使用用途や、ターゲット層にどのような印象付けを行いたいのかを指定すると良い結果に繋がるでしょう。

 User Prompt

以下の条件を元に商品のキャッチコピーを提案し、さらに効果的と考えられる訴求方法があれば提案してください。

商品名：ChatMinder（チャットマインダー）
ターゲット：一人暮らしの高齢者と遠方の家族
特徴：生成AIを利用した変化のあるコミュニケーションサービス。利用者に自発的な発言を促し、相槌やリアクションなど話を聞いてもらえる相手としての側面と、その内容をまとめて遠方の家族ユーザーに報告するサービス。
キャッチコピーの使用用途：遠方に離れて住む家族に対するYouTubeとXの広告

 Answer Sample

キャッチコピー提案

「毎日の会話で安心を。ChatMinderでつながる家族の絆」

効果的な訴求方法

1. 感動的なストーリーテリング：
   - 高齢者がChatMinderを使って楽しい会話をするシーンと、それを見守る家族のシーンを交互に描きます。家族が高齢者の健康や気持ちの変化を知り、安心する様子を映し出します。

……後略

053 　　営業戦略を考える

　営業戦略を考える際はできるだけ条件を入力しておくことが重要です。商品の情報とそのターゲットの情報はもとより、販売数や販売範囲などの規模の情報がないとあまり役に立たない回答しか得られません。基本的にはこれまで同様に、まだ未確定の要素について段階を追って詰めていくといった使い方が良いでしょう。

👤 **User Prompt**

以下の条件を元に商品の営業戦略を考えてください。

 条件を入力する
（例）商品の情報、ターゲット、現在の販売チャネル、価格、数量など

商品名：ChatMinder（チャットマインダー）
ターゲット：一人暮らしの高齢者と遠方の家族
特徴：生成AIを利用した変化のあるコミュニケーションサービス。利用者に自発的な発言を促し、相槌やリアクションなど話を聞いてもらえる相手としての側面と、その内容をまとめて遠方の家族ユーザーに報告するサービス。
現在の販売チャネル：Appストア
価格：月額1200円のサブスクリプション

これらの組みあわせが適切か検討してください。改善するべき点があれば指摘して、その対応策を出力してください。

Answer Sample

現在の組み合わせの評価

適切な点

1. ターゲット層：一人暮らしの高齢者と遠方の家族は、孤独感を感じる高齢者とその状況を気にかける家族のニーズに合致しており、サービスの特徴に適合しています。
2. 販売チャネル：App ストアは広範なユーザーにリーチ可能で、特に若い世代の家族ユーザーにアクセスしやすいです。
3. 価格：月額1200円のサブスクリプションは、継続的な収益モデルとして適切であり、サービスの価値に見合った価格設定と考えられます。

改善すべき点

1. 販売チャネルの多様化：App ストアのみでは、高齢者自身がダウンロードや設定に苦労する可能性があります。
2. 価格の柔軟性：特に高齢者にとっては価格が高く感じられる可能性があり、試用期間や割引オプションの提供が必要です。

— 中略 —

具体的な対応策

1. オフラインチャネルの構築：
   • 家電量販店やシニア向けの店舗と提携し、実際に触れて体験できるデモ機を設置。
   • シニア向けのコミュニティセンターや福祉施設での説明会を開催。
2. オンラインマーケティングの強化：
   • 公式ウェブサイトを通じた直接販売を開始し、分かりやすいチュートリアル動画を掲載。
   • Facebook や Instagram でターゲット層向けの広告を展開し、特典情報を提供。
3. 価格戦略の柔軟化：
   • 初回30日間の無料試用期間を提供し、サービスの利用を促進。
   • 長期利用者向けの割引プランを導入し、年間プランで割引を提供。
4. 教育キャンペーンの展開：
   • YouTube でのサービス紹介動画を制作し、具体的な利用シーンを紹介。
   • ウェブセミナーを定期的に開催し、質問に答えるセッションを設ける。

ここで得られた改善と対応策を元に実践的なプロモーション案の策定を進めていきます。生成AIの出力はあくまで一般的な回答なので、プロジェクトの大きさや期間などから実際に実行できる案を検討し、これをさらに深掘りしていきます。気になる提案があればそこをピックアップして会話を続けましょう。

Idea
054 プロモーションを考える

　最後に具体的なプロモーション戦略を立てて、その効果を試算してみましょう。まずは手持ちの条件を元にペルソナの候補を生成AIに考えさせて、効果のシミュレーションを行ってみましょう。シミュレーションに関しては最新のデータをWeb上から収集するように指示することも有効です。

 User Prompt

新商品の条件から具体的なペルソナを3つ考案してください。

📋 条件を入力する（例：ターゲット、特徴など）
ターゲット：一人暮らしの高齢者と遠方の家族
特徴：生成AIがリアルタイムでの会話相手として代行し、その内容をまとめて遠方の家族ユーザーに報告するサービス。

 Answer Sample

ペルソナ1：田中 敏子 (Tanaka Toshiko)

年齢：78歳／性別：女性／職業：退職者（元小学校教師）／居住地：東京都
状況：一人暮らし、子供2人（遠方に住んでいる）
趣味：読書、庭いじり、近所の公園への散歩
技術リテラシー：基本的なスマートフォン操作が可能

ニーズ
• 日常会話相手としてAIを利用し、孤独感を軽減したい
• 子供たちと頻繁にコミュニケーションを取りたいが、時間が合わない
• 健康管理の助けになる情報を受け取りたい

……後略

User Prompt

作成した3つのペルソナの情報と実施条件をもとに、**新商品の効果的なプロモーション手段を提案してください。**

 実施条件を入力（例：予算、期間、地域など）
予算：500万円　期間：3か月

Answer Sample

1. オンライン広告
予算：150万円

- ターゲット：高齢者とその家族
- 手段：Facebook広告、Google広告
- 内容：サービスの紹介動画、利用者の声、AIとの会話のデモ
- 目的：高齢者とその家族の認知度を高め、サービスの利用を促進

2. テレビCM
予算：200万円

- ターゲット：高齢者
- 手段：地域密着型のテレビ局での放映
- 内容：実際の利用シーンや効果を強調した短編CM
- 目的：一人暮らしの高齢者に向けて、サービスの魅力を伝える

3. 医療機関・介護施設との連携
予算：100万円

- ターゲット：高齢者とその家族
- 手段：地域の医療機関や介護施設と連携し医師や介護士からの紹介
- 内容：無料トライアル提供
- 目的：提携先の利用者に無料でサービスを試してもらい、実際の利用者の声を収集

……後略

Chapter 4

055　タスク整理を行う

　壁打ちと同様に自分の中で情報を整理する生成AIの使い方として、タスクやスケジュールなどを入力してそれを整理したものを出力させる形でサポートする使い方があります。メモやスケジュール、付箋など様々なものにタスクを書き残すことが多いと思いますが、ここでは今抱えているタスクの優先順位を一般的な視点から整理し、自身の中で優先度を考えながら実行するアドバイスを求めます。

User Prompt

入力したタスクリストを整理して優先度を設定してください。
また、重複部分や不要と考えられる部分は最後にまとめて指摘してください。

📄 タスクリストの入力（例：複数のテキストファイルなど）

Answer Sample

タスクリストの統合

高優先度（早急に対応が必要なタスク）
1. A社イベント準備打ち合わせ（16：00~）資料差し替え
　　• 差し替えデータ：沢田さんから回収
2. 営業部定例会議準備　広告費の件（月曜までに終わらせる）
3. SNS投稿作成（確認待ち）→杉本課長へもう一度催促
4. プレスリリース作成
5. デザインレビュー（週末までに返答）

……後略

重複・不要なタスク

• A社イベント準備打ち合わせの「資料差し替え」と「差し替えデータ：沢田さんから回収」は重複していますので、1つに統合しました。
• SNS投稿作成（確認待ち）とSNS投稿（確認待ち）→杉本課長へもう一度催促も同様に重複していますので、1つに統合しました。

何かに集中していたり、忙しいと優先順位を誤ってしまうことはよくあることですが、生成AIによって一般的な視点から優先順位を評価してもらうことで見直しのヒントになります。また、人から指摘されると意固地になって否定しがちなタイプの人でも他者の意見を受け入れて自分の考えを柔軟に変更する手掛かりになるのではないでしょうか。

> **Tips：バイアスを見分ける**
>
> 生成AIを利用する上で、自身とAIモデルそのものという2つのバイアスについて考えておく必要があります。自分自身が持っているこれまでの経験と知識によって構成されるバイアスと、生成AIモデルが持つ学習したデータの偏りによって生じるバイアス、この2つを考慮し必要に応じて最終的な判断を下すようにしましょう。

User Prompt

優先度を基準として、効率的にこなすために順番を並び替えてください。また、それぞれのタスクに対して具体的なアドバイスを提供してください。

Answer Sample

タスクリスト（優先度順）

高優先度（早急に対応が必要なタスク）
1. A社イベント準備打ち合わせ（16：00〜）資料差し替え
   • 具体的アドバイス：早めに沢田さんから差し替えデータを回収し、打ち合わせの前に資料を整えてください。資料の不備がないか最終確認を行いましょう。
2. 営業部定例会議準備　広告費の件（月曜までに終わらせる）
   • 具体的アドバイス：会議資料を準備し、広告費の詳細を確認・整理します。関係者と必要な情報を共有し、月曜日に間に合うように進めてください。……後略

効率的にこなすための順番

1. A社イベント準備打ち合わせ（16：00〜）資料差し替え
2. 営業部定例会議準備　広告費の件（月曜までに終わらせる）
3. SNS投稿作成（確認待ち）→杉本課長へもう一度催促
4. プレスリリース作成
5. デザインレビュー（週末までに返答）

……後略

Idea
056　行動スケジュールを作成する

目的から逆算してスケジュール案を作成します。非定常的な研修や外回りの予定など何のスケジュールなのかを提示し、既に決まっている項目を入力として与えることで未確定部分の予定を埋めていきます。忘れてはいけない注意点として、出力されたスケジュールが実際に実行可能かどうか自身の条件と照らし合わせて判断をするようにしましょう。

 User Prompt

以下の条件から新入社員研修用のスケジュールを作成してください。

日数：2日間、各日9：00~17：00
内容：ビジネスマナー 3時間 / 基本のPC操作 3時間 / 館内案内 45分 / 部門長挨拶 30分
また、追加した方が良いと思われる内容があれば指摘して追加してください。

 Answer Sample

新入社員研修用のスケジュールは以下のようになります。追加した方が良いと思われる内容として、会社の歴史・文化、チームビルディング活動、Q&Aセッションを追加しました。

1日目

時間	内容
9:00-9:15	オリエンテーション
9:15-9:45	部門長挨拶
9:45-10:00	休憩
10:00-12:00	ビジネスマナー
12:00-13:00	昼食
13:00-14:00	会社の歴史・文化
14:00-14:15	休憩
14:15-17:00	基本のPC操作

2日目

時間	内容
9:00-10:30	ビジネスマナー
10:30-10:45	休憩
10:45-12:00	館内案内
12:00-13:00	昼食
13:00-15:00	チームビルディング活動
15:00-15:15	休憩
15:15-16:45	基本のPC操作
16:45-17:00	Q&Aセッション

Idea
057　　タスクの割り振りを行う

　イベントや企画などのタスクの割り振りも生成AIで整理することができます。タスクとメンバーを入力として与えて、割り振りのルールを条件として指定しましょう。また、メンバーの特性や役職を入力するとより適切な割り振りが可能になります。

 User Prompt

以下のタスクを作業負荷を考慮してチームメンバーに割り振ってください。

〇〇美術館現代アート展示
タスク：展示テーマ設定、アーティスト選定、予算策定、資金調達、保険契約、作品輸送手配、設営、広告活動、スタッフ手配、イベント準備、グッズ発注、チケット販売
メンバー：有野、荻田、鮫島、加藤（佑）、加藤（信）

 Answer Sample

タスクの作業負荷評価

- 展示テーマ設定：高
- アーティスト選定：中
- 予算策定：高
- 資金調達：高
- 保険契約：中
- 作品輸送手配：中
- 設営：高
- 広告活動：高
- スタッフ手配：中
- イベント準備：中
- グッズ発注：低
- チケット販売：中

メンバーの割り振り

有野
- 展示テーマ設定（高）
- イベント準備（中）

荻田
- アーティスト選定（中）
- 広告活動（高）

鮫島
- 予算策定（高）
- 保険契約（中）

……後略

Chapter 4

Idea
058 　　事前資料の情報を整理する

打ち合わせ前に準備されている事前資料の確認を一人で行っていても見落としや、バイアスによる誤読が生まれることがあります。生成AIを利用することで情報を整理しながら不足している情報や、整合性が気になる部分のチェックをしてもらいましょう。確認を丸投げすることは難しいですが、要約と合わせて仕事の負担を減らすことに繋がります。

User Prompt

第三者の視点で入力資料の中で気になる部分や情報が不足している部分を指摘し、理由も合わせて箇条書きで出力してください。

📄 事前資料を入力（例：運賃改定の申し入れ書など）

Answer Sample

気になる部分や情報不足の指摘

- 適用開始日：
  - 運賃改定の適用開始日が非常に近く、取引先への十分な準備期間が不足している可能性がある。
- 具体的なコスト増加の詳細：
  - 運賃改定の根拠として挙げられているコスト増加（燃料費、人件費、物流インフラ問題）の具体的な数字やデータが示されていない。
- リスク管理策の欠如：
  - 改定後の輸送ルート変更に伴うリスク管理策や、緊急時の対応策が明記されていない。
- 取引先への影響の説明不足：
  - 改定後の運賃が取引先に与える具体的な影響（例：総コストの増加額や利益率への影響）についての説明が不足している。
- 代替案の提示なし：
  - 運賃改定が困難な場合の代替案や交渉の余地が示されていないため、柔軟な対応が難しい印象を受ける。

Idea 059 条件を整理してアジェンダを作成する

スケジュールの作成の派生の1つとしてアジェンダの作成があります。会議の進行役を任されたときなどはその準備で手一杯になりがちなので、生成AIを使って少しでも負担を減らしてその他の業務にも時間を割けるようにしたいものです。生成AIの出力をベースとして、報告・登壇順番の調整などを行い完成させましょう。

User Prompt

入力資料の条件を満たしたアジェンダを作成してください。情報の不足や追加した方がいい内容があればその内容を追加して出力してください。

📄 アジェンダの前提条件を入力（例：条件議題、担当者、時間割り当てなど）

Answer Sample

会議アジェンダ

日付：[会議の日付]
時間：[開始時間] - [終了時間]
場所：[会議室の場所]

1. ○○自動車道延長工事の受注について
   - 担当：会田
   - 時間：40分
   - 内容：
     - 現在の進捗状況
     - 受注の詳細条件
     - 今後のスケジュール
     - 質疑応答

2. 規制強化による◇◇市再開発計画の見直しについて
   - 担当：篠原
   - 時間：30分
   - 内容：
     - 新規規制内容の概要
     - 再開発計画への影響
     - 代替案の提案
     - 質疑応答

……後略

Idea
060

既存のテンプレートの改良点を考える

ここからは生成AIに入力内容に対する改善案を提案させて利用する方法を解説します。ここで重要な点は生成ＡＩに対してどのように改善させたいのか、すなわち「何がしたいのか」をしっかり入力することです。

 User Prompt

入力した業務引継ぎ資料テンプレートを改良してください。次の担当者へより**詳細な情報を残しておくために、不足していると考えられる情報の候補を提案して、理由とともに出力してください。**

📄改良したいテンプレートを入力（例：業務引継ぎ資料テンプレート）

 Answer Sample

引継ぎ資料テンプレートに対して、より詳細な情報を提供するために以下のような項目を追加することを提案します。

1. 業務の背景・歴史
- 背景：現在の業務やプロジェクトの開始理由、目的
- 歴史：これまでの重要な出来事やマイルストーン

理由：業務やプロジェクトの背景を理解することで、新任者が全体の流れや重要なポイントを把握しやすくなります。

2. リスクと対策
- 潜在的なリスク：業務やプロジェクトにおける主なリスク
- 対策：リスクに対する現在の対策や計画

理由：新任者が潜在的なリスクを事前に認識し、適切な対策を講じることができるようになります。……後略

生成ＡＩによるテンプレートの改良では修正したい内容が決まっている場合よりも、「記載漏れをなくしたい」などのように現状のフォーマットについて問題点は把握しているが具体的な修正案が思いついていない場合に利用することが特に有効です。入力して解決策を考えた上で、修正案を出力できるので実際に使用して問題が解決するかテストしてみましょう。改善には広告のABテストのように試行錯誤の段階がありますが、生成AIを利用することで取り組みへのハードルを下げるほか、試行サイクルの早回しも実現することができるでしょう。

> **Tips**： 指摘内容をすぐに反映させる
>
> 出力によって提案された修正案をChatGPT上ですぐに反映させてしまいましょう。そのまま会話を続けて「提案を反映させたテンプレートを出力して下さい」と指示することで、面倒な修正作業もすぐに行うことができます。

User Prompt

テンプレートの改良内容を各項目の適切な位置に追加してください。
編集したテンプレートファイルはダウンロードできるようにしてください。

Answer Sample

編集したテンプレートファイルをダウンロードできるようにしました。以下のリンクからダウンロードしてください。

📄 改良したテンプレートファイル.docx

追加された内容

061 オペレーションの見直し

「もっと効率化しろ」のような言葉が日常的に飛び交うのがビジネスの現場ですが、続けるとどうしてもアイディアが尽きてくるものです。そんな時は生成AIに現状を入力情報として与えて、そこから改善の方向を提案してもらいましょう。「実現可能な」や「すぐに取り組める」などの条件を組み込むことで的外れな意見を抑制する部分もポイントです。

 User Prompt

在庫棚卸オペレーションを改善してください。 入力した手順書の情報をもとに実現可能な改善の方向性を考え、**合わせて必要となる**作業の見直し方法を提案してください。

🗋 現状のオペレーションを入力

 Answer Sample

改善の方向性

1. 自動化の推進
   - ハンディターミナルの活用強化：在庫カウントにおいて、手動記録よりもハンディターミナルをフル活用することで、人的ミスを削減します。
   - バーコード・RFIDシステムの導入：在庫品にバーコードやRFIDタグを付与し、スキャンによる迅速なデータ収集と正確な在庫管理を実現します。

……後略

作業見直し方法

1. 作業フローの見直
   - 手順の簡素化：重複する作業や無駄な作業を排除し、手順を簡素化します。
   - タイムスタディの実施：各作業工程の時間を計測し、効率化できる箇所を特定します。

……後略

Idea
062 事業計画をブラッシュアップする

部門長やプロジェクトの代表になると事業計画を考える場面も出てくることでしょう。そんな場面で優秀な秘書や関連分野に精通した部下がいてくれたらどんなに心強いことで

しょうか。ないものを願っても仕方がないので代わりに生成AIに協力してもらい、情報を整理しやり取りを繰り返しながらブラッシュアップを図りましょう。

User Prompt

入力した事業計画案を評価してください。さらに実現が難しいと考えられる部分を指摘して、改善案を提案してください。

🗋 事業計画案を入力

Answer Sample

事業計画案の評価と改善提案を以下に示します。

評価

1. 事業概要
   - 強み：24時間365日対応のAI講師というユニークなサービス提供。
   - 弱み：AI講師の精度とユーザーエクスペリエンスの評価が鍵となる。
2. 市場分析
   - 強み：市場規模と成長率が具体的に示されており、アジア市場に焦点を当てている。
   - 弱み：競合分析がやや浅い。直接競合・間接競合の詳細な比較が不足。……後略

改善提案

1. 競合分析の強化
   - 提案：主要競合他社のサービス内容、価格、技術、マーケティング戦略を詳細に分析し、比較表を作成する。
2. 個別化レッスンの具体化
   - 提案：ユーザーのレベルやニーズに基づいたレッスンプランの詳細を示し、具体的なカスタマイズ方法を説明する。……後略

Chapter 4

Idea
063　　SEO対策を添削する

会社のホームページや商品ページなど、今日ではSEO評価を気にしながら文章を作成する機会も増えました。手軽にSEO評価を実施できる手段として生成AIを利用し、添削まで含めて実行してみましょう。

 User Prompt

入力した原稿のSEO評価が高くなるように修正してください。また、**修正した部分**の理由を最後にまとめて出力してください。

📄SEO添削を行いたい原稿を入力

 Answer Sample

原稿のSEO評価と修正

以下は、アップロードされた原稿のSEO評価および修正点です。評価を高めるために、具体的なキーワードの追加、構成の最適化、メタディスクリプションの作成、内部リンクの提案を行いました。

―中略―

修正理由

1. キーワードの追加：検索エンジンでの上位表示を狙うため、「東南アジア」「不動産投資」などのキーワードを適切に盛り込みました。
2. 構成の最適化：見出しを整理し、読みやすく、また検索エンジンが理解しやすい構成に変更しました。
3. メタディスクリプションの作成：原稿内にメタディスクリプション（抜粋）を設け、検索結果に表示される内容を最適化しました。
4. 内部リンクの提案：関連する他の記事やページへのリンクを文中に組み込み、サイト内回遊率を高める提案をしました。
5. ボールドテキストの活用：重要なキーワードやポイントをボールドテキストにすることで、読み手と検索エンジンの双方に対して強調しました。

064 契約書の法務レビューを行う

法務知識がない人間でも生成AIを利用して判断材料を得る方法があります。もちろん最終的な責任は契約の当事者にあることは変わりません。利用する時には「特に問題はないですか？」のように回答を誘導してしまうことは避けて、逆に「指摘して下さい」のように入力内容に問題点が含まれていることを前提にすることで最大限利用しましょう。

User Prompt

入力した契約書について法務レビューを行ってください。解釈が分かれそうな**部分や自分にとって不利益になる可能性がある部分を**指摘してリストとして出力してください。

🗋 作成した契約書の草案を入力

Answer Sample

契約書の法務レビューを行い、解釈が分かれそうな部分や不利益になる可能性がある部分を以下のリストにまとめました。

法務レビューのポイント
1. リース機器の所有権（第2条）
   • 「リース機器の所有権は甲に帰属し、乙はリース機器を善良な管理者の注意をもって使用するものとします。」という条項は、乙がリース期間中に機器をどのように管理するべきかについて曖昧さを含む可能性があります。「善良な管理者の注意」の具体的な基準が示されていないため、解釈に違いが生じる恐れがあります。

2. 管理サービスの料金および支払い条件（第3条）
   • 「管理サービスの料金および支払い条件は、別途定める料金表に基づきます。」という表現は、料金表が契約書に添付されていない場合、料金が予測不可能になる恐れがあります。料金表が別途存在するなら、契約書に明記するか、添付することが望ましいです。

   ……後略

Chapter 4

065 仮説の評価・反論をしてもらう

　ここからは生成AIに役割を与えて評価するという利用方法を解説します。まずは批判役に回ってもらい議論の相手をしてもらいましょう。人間同士の場合でも同様ですが、議論では相手を論破するのではなく適切な指摘をもらいその点を改善することでより良い結論を見つけていきましょう。

 User Prompt

以下の仮説について一般的な視点から評価してください。また、反論があればその部分を指摘して、**理由とともに出力してください。**

📋 仮説を入力する
仮説：現在の世界の半導体輸出額が歴史上で最も高く、今後この金額を超えることはない

 Answer Sample

仮説の評価を行うにあたり、以下の点を考慮します。

一般的な視点からの評価
1. 技術の進歩と需要の増加：
   - 半導体技術は日々進化しており、これに伴って新しい応用分野も増加しています。特にAI、IoT、自動運転車、5G通信などの分野は、半導体に対する需要を引き続き押し上げると予想されます。
2. 新興市場の拡大：
   - 新興市場の経済成長に伴い、半導体の需要はさらに増加する可能性があります。特にインドや東南アジアなどの地域では、今後も経済成長が見込まれており、これが半導体の需要を支える要因となるでしょう。

3. 市場のサイクル：
- 半導体市場はサイクル性が強いことで知られており、需要と供給のバランスが変動します。過去にはバブルやクラッシュも経験しているため、現在の高水準が一時的なものかどうかは注意深く見守る必要があります。
4. 地政学的リスクと政策：
- 地政学的なリスクや各国の産業政策も影響を与えます。例えば、米中間の貿易摩擦や技術競争が、特定の国の半導体産業に有利または不利に働く可能性があります。

反論のポイントと理由

1. 技術革新の可能性：
- 今後も技術革新が続くと考えられるため、これに伴う新しい製品やサービスの登場で、半導体の需要がさらに拡大する可能性があります。例えば、量子コンピューティングや先進的なAI技術などの分野は、現在の半導体技術をさらに進化させると予想されます。
2. 経済成長と市場拡大：
- 新興市場の経済成長は、消費者の購買力を高める要因となります。これにより、スマートフォンや家電製品などの普及が進み、結果として半導体の需要が増加するでしょう。
3. 供給側の変動要因：
- 供給チェーンの改善や新たな生産能力の導入により、半導体の供給能力も増加する可能性があります。これにより市場のバランスが変わり、輸出額がさらに増加する可能性があります。

結論

現在の世界の半導体輸出額が歴史上で最も高いという点は、多くのデータで裏付けられていますが、将来にわたってこの金額を超えることがないと断定するのは難しいです。技術の進歩、新興市場の拡大、供給チェーンの変動など、多くの要因が半導体市場に影響を与えるため、今後も輸出額が増加する可能性は十分に考えられます。

ここからは出力に対して新たな情報を追加して、議論を繰り返していきます。議論が苦手という方もいらっしゃると思いますが、生成AI相手であればプライベートにまで尾を引くようなことはありませんし、感情的になる必要もないでしょう。冷静な議論の相手としてこれ以上のないパートナーとして活躍させることができるのではないでしょうか。

> **Tips**：回答を誘導しないように利用する
> Chapter1で解説した通り、生成AIの特徴は入力した内容で大きく出力が異なります。このことを理解して使用しないと自身の都合がいいように出力を誘導してしまうことがあります。基本的に何かを確認する時に「〇〇は正しいですか」のような入力は避けましょう。「正しい」という出力を誘導することになっており、たとえ誤っていても明確に否定されないこともあります。あくまで入力に対して指摘をしてもらう装置として利用することが望ましいといえるでしょう。

Idea
066　ペルソナ視点で評価する

商品・サービスを設計しその内容をペルソナの視点から生成AIに評価させることで、自分自身や少数サンプルのバイアスを取り払った意見が得られることがあります。指摘された内容を検討し、改善に組み込むことでより設計を最適化することを目指しましょう。ペルソナの設定はできるだけ具体化し、複数条件で評価するとよりヒントが得られます。

User Prompt

入力した商品情報をペルソナ条件の視点から評価してください。

📄 商品情報（例）品名、値段、詳細など
📄 ペルソナ条件（例）年齢、性別、職業、詳細など

Answer Sample

商品情報：VitaBoost Pro
ターゲットユーザー：

- 健康意識の高い成人
- 忙しいライフスタイルを送るビジネスパーソン
- 健康を維持したいシニア層

ペルソナ詳細：佐藤花子
評価：
1. ターゲット一致
- 花子さんは60歳の女性で、健康を非常に重視しており、シニア層に該当します。VitaBoost Proのターゲットユーザーに合致します。
2. 主要成分と健康効果
- スピルリナ：免疫力をサポート。花子さんの健康維持に貢献します。
- アサイーベリー：抗酸化作用でエイジングケア。年齢を重ねる花子さんに適しています。
- ……後略

Idea

067 事業上のリスクを評価する

事業運営において、リスクの評価と管理は不可欠な要素です。ChatGPTによってリスクを評価してもらうことで、既存の事業の抱える問題点の対策を講じたり、新規事業を立ち上げる前にどのようなリスクがあるのか把握しておきましょう。

User Prompt

入力したファイルの内容から事業継続上のリスクを分析し、特に優先度の高い上位3つのリスクについて評価してください。

📄 リスク評価を行いたい会社の資料を入力

Answer Sample

1. サプライチェーンの断絶リスク

〇〇社はグローバルなサプライチェーンを持ち、多くの部品を世界中のサプライヤーから調達しています。サプライチェーンのどこかで断絶が生じると、製造ライン全体に大きな影響を与えます。

影響
製造の遅延：主要部品が入手できない場合、車両の製造が停止する可能性があります。
コスト増加：代替サプライヤーの確保や物流の変更により、コストが増加することがあります。
信頼性の低下：供給不足により、顧客やディーラーの信頼を失う可能性があります。

対策
複数サプライヤーの確保：重要部品については、複数のサプライヤーと契約を結び、供給の多様化を図ります。
在庫管理の強化：重要な部品については、安全在庫の水準を見直し、供給断絶のリスクに備えます。

……後略

Chapter 4

137

068 メリットとデメリットを抽出して評価する

ビジネスでは様々な場面で相手との取り決めに対して頭を悩ませることになります。そんなときも生成AIに冷静な分析と意見を求めると良いでしょう。最終的に判断するのは自分自身ですが、急いでいたり、何か別のものに気を取られていると正しい判断ができなくなることもあり得ます。すぐに相手に返事をするのではなく、入力情報として話を咀嚼する上でも有効な活用方法だと言えるでしょう。

 User Prompt

入力ファイルからメリットとデメリットをそれぞれ抽出して、**総合的に見てメリットとデメリットのどちらの方が大きいか評価してください。**

📄 契約の改定内容を入力

 Answer Sample

以下に改訂後の契約内容から抽出したメリットとデメリットを示し、総合評価を行います。

• メリット

1. 契約期間の自動更新
契約が1年間自動更新されるため、手続きの手間が省ける。

2. 価格の固定
双方の同意なしに価格変更ができないため、価格の安定性が保証される。

3. 支払い条件の明確化
納品後30日以内の支払い条件と遅延利息の明記により、資金管理がしやすい。

4. 返品ポリシー
不良品や違反商品に対する返品が可能であり、返品送料も卸業者が負担するため、小売業者にとってリスクが軽減される。

5. 知的財産権の保護
商標やロゴの使用に関する明確な取り決めがあるため、ブランドの保護が図れる。……後略

・デメリット

1. 支払い遅延利息
支払いが遅れた場合に月利1.5%の遅延利息が発生するため、キャッシュフローの悪化時に負担となる可能性がある。

2. 返品期間の制限
返品申請が納品後14日以内に行わなければならないため、迅速な対応が求められる。……後略

・総合評価
契約改訂の内容から見て、メリットの方がデメリットよりも大きいと評価できます。価格の安定性、返品ポリシーの明確化、知的財産権の保護など、多くの点で小売業者にとって有利な条件が設定されており、競業避止義務や支払い遅延利息といったデメリットはあるものの、全体的なリスク管理がしやすくなっています。

　ここからの発展方法としては、続けて「より契約条件が平等になるにはどうする?」や「条件を見直した方がいい内容は?」のようにアドバイスをもらう使い方が考えられます。また、このように一度情報を抽出して比較することで取引先や上司へ説明するべきポイントが明確になり、論理的に説得させるための材料としても利用できます。情報の整理と評価は合わせて利用することでより生成AIの力を発揮させることができます。

User Prompt

優先的に見直すべき条件を1つ選んでその理由を説明してください。
さらにその条件の具体的な見直し内容を検討してください。

Answer Sample

優先的に見直すべき条件として「遅延利息の高率」を選びます。

理由
遅延利息が月利1.5%という高率で設定されているため、支払いが遅れた場合の経済的負担が大きい。……後略

具体的な見直し内容
1. 遅延利息の引き下げ:
・月利1.5%から月利0.5%に引き下げる。……後略

Idea

069　複数案を比較して評価する

比較ができる複数の案が既に用意されており、それらを評価する場面にも生成AIを活用できます。この時に重要なのは「最も実行可能で効果的と思われる」のように評価の軸を決めておくことです。また、あえて評価軸の検討も指示したり、出力のバリエーションとしてリストやマトリクスを指定することもできます。

 User Prompt

入力したマーケティング戦略のアイディアから、最も実行可能で効果的と思われるトップ3の戦略を選び、その選択理由と予想される成果について評価してください。

📄マーケティングアイディアを入力

 Answer Sample

1. オーガニック・エコラインの展開
選択理由
- 環境意識の高い親層をターゲットとすることで、持続可能な市場ニーズに応えることができる。
- オーガニックコットン製品は品質と安全性の面で信頼されやすい。
- 環境保護メッセージがブランディングを強化する。

予想される成果
- 環境意識の高い親層からの強い支持を得ることで、ブランドロイヤルティが向上。
- 短期的には売上の増加、中長期的には持続可能なブランドイメージの構築に寄与。
- 競合他社との差別化が図れる。

2. カスタマイズオプションの提供
選択理由
- 名前や誕生日を刺繍できる製品は、ギフト市場での需要が高い。
- オンライン注文時のカスタマイズオプションは、顧客のエンゲージメントを高める。
- 初期投資が比較的低く、システム導入後の運用コストも抑えられる。

予想される成果

- ギフト需要を狙うことで、新規顧客の獲得が期待できる。
- パーソナライズされた製品が顧客満足度を高め、リピート率の向上につながる。
- 顧客データを活用したマーケティング戦略の精度向上が可能。

3. インフルエンサー・ママブロガーとのコラボレーション

選択理由

- インフルエンサーのフォロワー層に対して効率的にリーチできる。
- 商品レビューや使用感のシェアは信頼性が高く、消費者の購入意欲を高める。
- SNSを活用したマーケティングは費用対効果が高い。

予想される成果

- インフルエンサーの影響力により、ブランド認知度が短期間で大幅に向上。
- フォロワーからのフィードバックを活用した製品改善やマーケティング戦略の見直しが可能。
- 新規顧客の獲得とともに、SNS上でのエンゲージメントが高まり、ブランドのファンベースが拡大。

User Prompt

これらの3つのアイディアをさらに絞り込むために、いくつかの評価軸を検討してマトリクスを作成してください。

Answer Sample

評価軸を検討し、マトリクスを作成します。ここでは、以下の評価軸を使用します。
評価軸: 市場の潜在性 / 競争優位性 / 費用対効果 / 実行可能性 / ブランド強化

マトリクス

アイディア	市場の潜在性	競争優位性	費用対効果	実行可能性	ブランド強化
オーガニック・エコラインの展開	◎	○	△	△	◎
カスタマイズオプションの提供	○	◎	○	○	○
インフルエンサー・ママブロガーとのコラボレーション	○	○	◎	◎	○

Idea
070　商品レビューを分析する

ここまで生成AIで情報の整理や評価を行う活用の方法を解説してきましたが、さらに一歩進めて入力した情報の分析に活用してみましょう。ここではお客様窓口に寄せられた内容や通販サイトのレビューなどを利用して、商品のレビューの分析とその改善策を検討していく使い方を解説します。

 User Prompt

入力した商品の情報と商品レビューのデータをもとに、**この商品を総合的に分析してください。**

📄商品の情報や📄レビューのデータを入力

 Answer Sample

レビューの総合分析

評価分布
- ★★★★★：18件
- ★★★★☆：15件
- ★★★☆☆：11件

―中略―

総評
家庭用食器洗浄機WS-1000-CCN3500は、特に洗浄力と節水機能、デザインにおいて高く評価されています。一方で、音の大きさと操作の複雑さ、設置の難しさがいくつかのユーザーにとってはマイナスポイントとなっています。価格についてもやや高めとの声がありますが、その価値はあると感じるユーザーが多いようです。

このような形で未整理な情報からでも出力内容を指示することで情報を分析して評価を行うことができます。レビューが膨大になってくると全てを確認するのは非常に時間がかかってしまうので、情報の整理の一環として取り入れることで有効に機能させることができるでしょう。

> **Tips：生成AIで価値のある情報を見つけ出す**
> 情報に溢れかえっている現代では、残念ながら無数の情報の中から自分にとって価値のある情報を探す必要があります。SNS投稿やレビューなど強いバイアスがかかっているものの中から、似ている情報は要約して圧縮し、できるだけ正確で有益な情報を見つけ出すことに生成AIを活用していきましょう。

User Prompt

レビューから良い部分と悪い部分の要因を分析してください。
また、最後にそれらを踏まえて改善案とその理由を出力してください。

Answer Sample

要因分析

良い部分の要因
• 洗浄力やデザインに対する高評価は、製品の基本的な性能や外観の魅力がユーザーの期待に応えているため。

……後略

悪い部分の要因
• 音に関する不満は、静音設計の改善が必要なことを示している。
• 取扱説明書やプログラム設定のわかりづらさは、ユーザビリティの面での改善が求められている。

……後略

改善案とその理由

1. 静音機能の強化
    • 理由：ユーザーが音に対する不満を持っているため、静音設計をさらに強化することで、使用時の快適さを向上させる。

……後略

071 リスクの洗い出しを行う

ChatGPT-4oの画像解析機能を利用して、労働災害対策として行う危険予知活動（KY活動）を行ってみましょう。人が行うと一番目立つリスクに目が行きがちですが、補助的に利用することで見落としている部分も指摘してくれます。他にも作業環境の画像や交通安全のシミュレーションの補助にも活用できそうです。

 User Prompt

入力された画像から考えられる危険性を指摘しKYシート**を作成してください。**

📄 **KY活動の対象となる作業が映った画像**

 Answer Sample

危険予知シート（KYシート）
作業内容：重い荷物の持ち上げ　作業場所：オフィス

1. 作業状況の確認
• 写真の状況：作業員がオフィス内で段ボール箱を持ち上げようとしている。

2. 危険性の指摘
• 姿勢の悪さによる腰痛リスク
　詳細：背中が丸まった状態で持ち上げているため、腰に過度の負担がかかっている。
　対策：持ち上げる際には背中をまっすぐにし、膝を曲げることで腰への負担を軽減する。
• 手や指の挟み込みリスク
　詳細：荷物の持ち上げ時に指や手を段ボールの下や側面に挟む可能性がある。
　対策：荷物を持ち上げる前に持ちやすい位置を確認し、しっかりと握る。
• 荷物の落下によるケガのリスク
　詳細：荷物が不安定な場合、持ち上げた際にバランスを崩して落下する危険がある。
　対策：荷物の重さやバランスを事前に確認し、無理のない範囲で持ち上げる。重すぎる場合は同僚の助けを借りる。……後略

Idea
072　トラブルの原因を分析する

多角的な視点やできるだけ公平な判断を求められる一例としては、トラブル原因の分析があります。生成AIには第三者委員会として冷静に分析してもらい出力を解決に役立てましょう。注意点としては入力する情報に偏りが生じないようにすることです。真の解決に結びつけるためにできるだけ幅広く正確な情報を入力することを心掛けましょう。

User Prompt

入力した製造ライントラブル記録を分析し、あらゆる可能性を考慮してトラブルの原因となりうるものをリストアップしてください。

🗋 分析したいトラブル記録を入力

Answer Sample

1. センサーの誤作動：
   - 錠剤が均等にトレイに配置されていない問題が発生。
   - センサーのキャリブレーションが狂っていた。
   - 前回のメンテナンス時にセンサーが正しく再設定されていなかった。
   - 対応策：センサーの再設定と調整。

2. メンテナンスの不備：
   - 定期メンテナンス時にセンサーのキャリブレーションを再設定。
   - 一見正常に動作していたが、実際には誤作動が発生。
   - 対応策：メンテナンス手順の再確認と見直し。

3. 予算不足による設備更新の遅れ：
   - メンテナンスや設備の更新が後回しになっている。
   - 新しいセンサーやローラーの在庫不足。
   - 古い機材を使い続けていることが問題の根本原因。
   - 対応策：予算の見直しと必要な設備更新の優先順位付け。

……後略

073　炎上要素がないか分析する

今日、SNSなどの投稿が炎上しサービスの停止などのトラブルに発展するケースが見られます。手軽な情報発信ツールですがそれゆえに様々なバックグラウンドを抱える人の目に留まることを考慮しなければなません。投稿する前に生成AIによって分析することで、リスクを下げつつ、理由も合わせて出力させ自身の知識として吸収するような活用をすると良いでしょう。

User Prompt

入力したSNSの投稿から、炎上に繋がる可能性のある要素をリストアップしてその理由も合わせて出力してください。

📄炎上チェックをしたい投稿を入力

Answer Sample

以下は、入力されたSNSの投稿から炎上に繋がる可能性のある要素とその理由です。

1.「少し物足りないかもしれませんが、健康志向のあなたに最適です。」
   - 理由：ダイエット中の女性に向けたヘルシーサラダボウルの説明が、「物足りない」というネガティブな表現を含んでいるため、商品への期待感を損なう可能性があります。また、ダイエット中の女性をターゲットにすることで、ジェンダーバイアスやステレオタイプを助長していると受け取られる恐れがあります。
2.「異国情緒あふれる独特のスパイスを使用。」
   - 理由：「異国情緒」という表現が曖昧であり、特定の文化や国を不適切に捉えたり、ステレオタイプに基づいていると感じられる可能性があります。文化的な敏感さを欠く表現と捉えられる恐れがあります。
3.「ダイエット女子」
   - 理由：「ダイエット女子」という表現は、特定の性別をターゲットにしたマーケティングとして捉えられ、ジェンダーに関する敏感な問題を引き起こす可能性があります。この表現は、性別による役割の固定観念を助長する恐れがあります。

074 決算書を分析する

　証券会社や投資銀行で働く方々などは業務時間の多くを決算書の確認に充てている方もいるでしょう。1社でも多くの決算書を確認するために、生成AIの分析タスクによって決算書の要約と整合性の確認を行い、分析レポートとして利用する方法はいかがでしょうか。あくまで資料についての確認のため、投資判断ではないことに注意しましょう。

User Prompt

決算情報をもとに外部環境と内部環境に分けて分析してください。

📄分析したい銘柄の決算情報を入力
（例：NVIDIA FY2024 第四四半期および通年決算レポート）

Answer Sample

外部環境
1. 経済情勢と市場動向
　経済情勢：世界的なインフレや金利上昇が続いており、特に半導体市場では供給チェーンの問題が一部解消されているものの、依然として需給バランスに影響を与えています。エネルギー価格の変動も製造コストに影響を及ぼしています。
　市場動向：AI、クラウドコンピューティング、ゲーム産業の成長が続いており、これがNVIDIAの主要市場における需要を押し上げています。特にデータセンター向けの需要が急増しており、企業や研究機関からの高性能コンピューティングソリューションへのニーズが高まっています。

内部環境
1. 財務実績
　収益の増加：2024年度の収益は609億ドルで、前年同期比126%増加しました。
　収益性：一株当たりの希薄化後GAAP利益は11.93ドルで、前年同期比586%増加しました。Non-GAAP一株当たりの利益は12.96ドルで、288%増加しました。
　セグメント別業績
　データセンター：収益475億ドル、前年同期比217%増加。
　ゲーム：収益104億ドル、前年同期比15%増加。……後略

Chapter 4

075 仮想コンペを実施する

最後に生成AIでテキスト上でのシミュレーションを行う使い方を解説します。ここではコンペティションのシミュレーションとして事前情報を与えて、発注元の人格としてふるまってもらいテキストチャット形式でやり取りの練習を行います。

 User Prompt

新システムの発注に関わるコンペティションのシミュレーションを行います。
発注元として入力情報をもとに質問してください。
何度かやり取りを行い、最終的に発注の可否を判断してください。
役割
ユーザー：プレゼンター
ChatGPT：発注元
ルール
入力データを参考に質問をしてください。
質問は1つずつ出すようにしてください。

 Answer Sample

了解しました。それでは、発注元としての立場で質問をさせていただきます。
質問1

新システムの要件定義と設計フェーズにおいて、各部門のニーズをヒアリングするとのことですが、具体的にどのような方法でヒアリングを行いますか？また、ヒアリングのスケジュールや参加者についても教えてください。

User Prompt

遠方の事業所にも直接お伺いし、現状の業務とシステム運用を確認と合わせて実施させていただきたいと考えています。ヒアリングの期間は各部署1週間程度を想定しており、全ての拠点での完了は1カ月を見込んでおります。また、ヒアリングには各拠点の事業部長および、システム担当者と現場の職長クラスの方に参加いただきたいと考えています。

Answer Sample

質問2

各部門でヒアリングを行う際に、特に現場の職長クラスの方々からはどのような情報や意見を重視して収集したいと考えていますか？具体的な例を挙げて教えていただけますか？

User Prompt

現場の職長クラスの方々からは特に実際の基幹システムの運用の様子やオペレーションでカバーしている部分の情報を収集し、現場作業者視点から欲しい機能の意見をいただいてその根底にある解決するべき課題を明らかにしたいと考えています。

Answer Sample

質問3

新しいシステムに求められる機能で、現在特に問題となっている運用上の課題を解決できる技術やツールはすでに検討されていますか？それとも、これから開発段階で新たに導入を検討する予定ですか？

User Prompt

事前に伺っている在庫情報や配送ステータスの反映の遅延に関しては、弊社の提供するクラウド方式のシステムで解決できると考えております。さらに障害に対しても情報の管理サーバーを異なるリージョンからバックアップできる体制を構築し安定した稼働を確保いたします。

Answer Sample

質問4

クラウド方式のシステムを導入することで、現行システムからのデータ移行が必要になりますが、データ移行に伴うリスクやデータの整合性確保についてどのように対応する計画ですか？

User Prompt

データ移行は本番環境とは別のステージング環境で行います。これによって、万が一のトラブルが起こっても本番環境には影響が出ないようにするとともに、移行は段階的に進めていきます。また、移行期間中は新旧システムを並列で稼働させデータの整合性をモニタリングできる体制を確保します。

このような形でシミュレーションでのやり取りを続けていき完了したら、やり取り全体を評価してもらいましょう。また、ChatGPT-4oでは会話型のシミュレーションが非常に実践的な形で行うことが可能になりました。ぜひ活用して、プレゼンや営業スキルの向上に役立てましょう。

> **Tips： Markdown で強調する**
>
> シミュレーションを行う際のプロンプト作成はなかなか思うようにいかず苦戦することもあるかと思いますが、その場合は Markdown 形式をうまく活用して条件を定義しましょう。今回の例のように先頭での自然言語プロンプトでの指示に加え「＃役割」、「＃ルール」などと明記してから、続けて条件を書き連ねておくと意図したとおりに出力される可能性が上がります。

User Prompt

今回のシミュレーションについて評価してください。
また、その理由と改善するべき点に関してアドバイスを出力してください。

Answer Sample

シミュレーションの評価

今回のシミュレーションは、以下の点で高評価です。
1. 詳細な回答：各質問に対して具体的かつ詳細な回答が提供されており、プロジェクトの進行やリスク管理についての理解が深まる。
2. 具体的なスケジュール：システム切り替えの作業時間やヒアリングスケジュールが具体的であり、実行可能性が高い。

……後略

改善すべき点とアドバイス

1. 遠隔地部門のヒアリングスケジュール：
   • 現状：遠隔地の部門を順番に訪問するとしていますが、具体的なスケジュールが不明です。
   • アドバイス：遠隔地部門の訪問スケジュールを詳細に策定し、各部門ごとのヒアリング時間を明確にすることで、効率的な進行が期待できます。例えば、オンラインミーティングを活用して、訪問時間の短縮や効率化を図ることも検討してください。
2. 切り替え作業と不具合対応の具体性：
   • 現状：切り替え作業時間は明確ですが、不具合対応の手順が具体的に示されていません。
   • アドバイス：切り替え後の不具合発生時の対応フローを明確にし、具体的な手順や責任者を事前に定めることで、問題発生時の迅速な対応が可能となります。また、切り替え後の不具合確認のためのテストシナリオを準備することも重要です。

……後略

総合評価

シミュレーション全体としては、非常に詳細で計画的に進められており、高い評価ができます。上記の改善点を考慮することで、さらに実現可能性と信頼性の高いプロジェクトとなるでしょう。

Idea
076 採用面接のシミュレーションを行う

生成AIを活用したシミュレーションの1つ
として、人材採用の実践的なシミュレーショ
ンがあります。人手不足が叫ばれる中、面接
官も企業の顔として候補者に評価される場面
も増えてきました。ChatGPTに候補者の役を

担当してもらい、企業の成長に不可欠な人材
を見極める力と候補者に魅力的な企業である
ことをアピールする力の両方を鍛えていきま
しょう。

User Prompt

会話形式で**電力会社の中途採用面接のシミュレーション**を行います。
役割
ユーザー：面接官
ChatGPT: 候補者
ルール
入力データを参考に1ステップずつやり取りを繰り返します。
ChatGPTによる自己紹介からスタートします。
面接官が終了を宣言するまでやり取りは続きます。

📄**架空の候補者の情報をまとめたファイルを入力**

Answer Sample

私の名前は山田仁と申します。大学では電気工学を専攻し、卒業後は電力会社で5年
間働いておりました。主に配電網の設計と保守に携わり、エネルギー効率の向上やシ
ステムの信頼性向上に努めてまいりました。
どうぞよろしくお願いいたします。

077 価格交渉のシミュレーションを行う

企業間取引の価格交渉は経験が必要な業務ですが、実際の業務以外ではなかなか体験することができず練習の機会もそうありません。このように体験機会が限られるような場面を生成AIによってシミュレートし少しでも経験値を得ておくのも良いのではないでしょうか。入力条件を変えることで様々な相手や場面を設定し、練習していきましょう。

 User Prompt

以下の条件で価格交渉のシミュレーションを行います。

役割

ユーザー：新規人事管理システムを紹介する営業マン

ChatGPT: 営業先の情報システム部所属の担当者

ルール

新規システム導入のコストが適切と判断できるまで、入力データを参考に1ステップずつやり取りを繰り返します。

それではシミュレーションを開始します。

 営業先の情報や要望をまとめたファイルを入力

 Answer Sample

承知しました。それでは、日系製薬会社の本社情報システム部の担当者として商談のシミュレーションを開始いたします。

こんにちは。私は製薬会社の本社情報システム部の担当者、田中です。本日はお時間を頂きありがとうございます。まずは御社の人事管理システムについて、簡単にご説明頂けますでしょうか？

078 トラブルのシミュレーションを行う

生成AIでトラブル対応のシミュレーションを行い、対応方法を学ぶことでトラブル解決のスキルを磨きます。重要なのはシミュレーションを素早くクリアすることではなく、トラブル対応にユーザーが慣れることなので様々な方法で何度も繰り返し実施しましょう。さらにトラブルデータが溜まっていくほど有効な教育ツールとして役立つはずです。

 User Prompt

会話形式で**会計システムの**トラブル対応の訓練を行います。

役割
ユーザー：トラブル対応を行う社員A
ChatGPT：トラブルの報告を行う社員B
ルール
入力データを参考に答えにたどり着くまで、1ステップずつやり取りを繰り返します。
ChatGPTによる報告からスタートします。

📄過去のトラブルデータをまとめたファイルを入力

 Answer Sample

社員Aさん、お疲れ様です。今日もよろしくお願いします。実はシステムのトラブルが発生していますので、ご報告いたします。
ある特定の日付の売上データがシステムに記録されていないことに気付きました。具体的には、データベースのバックアップが不完全だったためデータが失われた可能性があります。どのように対処すればよいかご指示をお願いします。

Idea
079
お問い合わせ対応の
シミュレーションを行う

お客様からのお問い合わせ対応は細心の注意を払って行う必要があり、情報化社会においてどの企業においても重要視する傾向が高まっています。生成AIによってお客様とのやり取りをシミュレートするという使い方は、様々なケースの対応方法を事前に検討してマニュアル化しておくことや、オペレーションの訓練として活用することができます。うまくルールに従わない場合は生成をやり直しましょう。

User Prompt

会話形式で**お客様からのお問い合わせ対応の訓練を行います。**

役割
ユーザー：お問い合わせ窓口のオペレーター
ChatGPT：不機嫌なお客様、不安な気持ちなお客様、話を聞かないお客様
ルール
入力データを参考に最初の質問を決めて下さい。
満足した回答が得られたか、返答に納得するまで、1ステップずつやり取りを繰り返します。
ChatGPTによる質問からやり取りを開始します。

📄 実際に過去にお問い合わせがあった内容をまとめたファイルを入力

Answer Sample

もしもし！聞いてください！
オンラインショップで買った商品がまだ届いていないんですけど、どういうことですか？

Idea

080　4P分析を行う

　ここからはChatGPTを利用してビジネスフレームワークを実行していきます。まず紹介する4P分析は、製品やサービスのマーケティング戦略を効果的に構築するための基本的なフレームワークです。顧客のニーズに合わせた最適な製品・サービスの提供方法を明確にし、競争力を強化するために利用します。

User Prompt

オンライン教育プラットフォームについて、4P分析を使って具体的なマーケティングのアイデアや戦略を提案してください。

Answer Sample

1. 製品（Product）

- **オンラインコース**: ビジネススキル、プログラミング、デザインなど多岐にわたるコースを提供
- **ライブセッション**: 専門家によるリアルタイムの講義やワークショップ
- **学習リソース**: ビデオ教材、eBook、クイズ、フォーラムなど
- **認定証**: コース修了者に対して公式認定証を発行

2. 価格（Price）

- **サブスクリプションモデル**: 月額制や年額制のプランを提供し、全てのコースにアクセス可能
- **個別コース料金**: コースごとに一回払いの料金設定
- **無料トライアル**: 新規ユーザー向けに一定期間の無料トライアルを提供
- **割引・プロモーション**: 学生や団体向けの割引、季節ごとのセール

3. 流通（Place）

- **オンラインプラットフォーム**: ウェブサイトやモバイルアプリを通じてコースを提供
- **パートナーシップ**: 大学や企業と提携し、専用の教育コンテンツを提供
- **SNSと広告**: Facebook、LinkedIn、InstagramなどのSNSでの広告展開
- **セミナー・イベント**: オフラインのセミナーやイベントでの直接販売

4. プロモーション (Promotion)

- **デジタルマーケティング**：SEO、Google AdWords、SNS広告を活用
- **コンテンツマーケティング**：ブログ記事やYouTube動画で教育関連の情報を発信
- **インフルエンサーマーケティング**：教育分野のインフルエンサーと協力し、プラットフォームを宣伝
- **メールマーケティング**：メールニュースレターで新コースやキャンペーン情報を配信
- **ウェビナー**：無料のオンラインセミナーを開催し、潜在顧客を引き込む

誰でもできる一般的な4P分析まではChatGPTに任せて、これを踏み台にしてさらに工夫を凝らしたマーケティング戦略を具体的に考えていきましょう。また、より具体的に行いたい場合は事業の企画書やレポートをプロンプトと一緒に入力することで実行することができます。

> **Tips：ビジネスフレームワークを確認する**
> ChatGPTでどのようなビジネスフレームワークを利用できるか尋ねると、親切にその目的や入力に必要な情報を提示してくれます。「○○を分析するためのビジネスフレームワークを教えて」のように、目的を条件に最適な手段を見つけて、実行してみることをおすすめします。

User Prompt

割引キャンペーンについて具体的なアイディアを提案してください

Answer Sample

1. 友達紹介プログラム

紹介割引：既存ユーザーが友達を紹介すると、紹介したユーザーと友達の双方に次回コース購入時に20%の割引を提供。
紹介ボーナス：友達を紹介するたびにポイントが貯まり、一定のポイントが貯まると無料コースや特別割引に交換できる制度を導入。

2. 季節限定セール

新年セール：新年に合わせて全コースを20%オフで提供するキャンペーン。
夏のサマーセール：夏季限定で、特定の人気コースを50%オフで提供。……後略

081 SWOT分析を行う

SWOT分析は、組織やプロジェクトの戦略立案を目的としており、強み（Strengths）、弱み（Weaknesses）、機会（Opportunities）、脅威（Threats）の4つの観点に分けて評価します。SWOT分析のように数ステップで実行できる場合は、あらかじめ分析対象の情報をまとめたドキュメントファイルを入力して実行することもできます。

User Prompt

入力ファイルの情報をもとにSWOT分析を実行して、今後の戦略案を検討してください。

📄 分析したい情報を入力（例：スポーツブランドに関するレポートなど）

Answer Sample

SWOT分析
Strengths（強み）
- デザイン性と機能性の融合：トレンドを取り入れたスタイリッシュなデザインと高機能素材を使用。
- サステナビリティ：環境に配慮した素材選定と持続可能な生産プロセス。

Weaknesses（弱み）
- 高い初期投資：生産設備とマーケティングに多額の投資が必要。
- 新規ブランドの認知度：確立された競争相手に比べて市場での認知度が低い。

Opportunities（機会）
- ヘルスケア・ウェルネスブーム：健康志向の高まりとスポーツへの関心増加。
- 市場拡大：北米、欧州、アジアの主要都市をターゲットに展開。

Threats（脅威）
- 激しい競争：N社、A社、L社などの強力な競合。
- 市場の変動：経済の変動による消費者の購買力の影響。

戦略提案
1. ニッチマーケットの強化：
- 独自のデザインとサステナビリティを前面に出し、特定の消費者層（環境意識が高い、ファッションに敏感な女性）に訴求。……後略

Idea
082 ビジネスモデルキャンパスを活用する

ビジネスモデルキャンパスは、2008年にアレックス・オスターワルダーとイヴ・ピニュールによって考案された企業やプロジェクトのビジネスモデルを視覚的に整理・分析するためのツールです。キャンパスは9つの要素で構成され、ビジネスモデルの全体像を一枚の図で表すことができます。この手法とChatGPTを利用して新しいビジネスを立ち上げる際の計画策定や、ビジネスモデルの見直しを行ってみましょう。

User Prompt

オンライン教育プラットフォームについて、ビジネスモデルキャンパスに具体的な内容を記載して表形式で出力してください。

Answer Sample

セグメント	詳細
顧客セグメント	学生（中高生、大学生、社会人）、教師・講師、教育機関（学校、塾、企業の研修部門）
価値提案	多様なコースとコンテンツ、柔軟な学習スケジュール、高品質な教育リソース、インタラクティブな学習体験、パーソナライズドラーニング
チャネル	ウェブサイト、モバイルアプリ、メールマーケティング、ソーシャルメディア、オンライン広告
顧客関係	カスタマーサポート、コミュニティフォーラム、メンタリングプログラム、レビューとフィードバックシステム
収益の流れ	コース料金（単発/定期購読）、サブスクリプションモデル、企業向けのカスタマイズプラン、広告収入、提携パートナーシップ
主要リソース	プラットフォーム開発チーム、教材作成チーム、サーバーとクラウドインフラ、ライセンスと著作権、教育専門家と講師
主要活動	コース開発と更新、プラットフォームの保守と改善、マーケティングとプロモーション、ユーザーサポート、分析とフィードバック収集
主要パートナー	教育機関、テクノロジーパートナー（クラウドサービス、決済システム）、コンテンツプロバイダー、マーケティングエージェンシー、業界団体
コスト構造	開発費用（プラットフォーム、教材）、人件費、マーケティング費用、サーバーとインフラコスト、サポートと運営費用

Chapter 4

083　フェルミ推定で市場規模を試算する

　市場規模の調査結果がなかなか見つからない場合もあります。そんな時はChatGPTを利用したフェルミ推定で市場規模を試算しましょう。プロンプトにペルソナの情報や前提条件を入力することで、より現実的な市場規模の試算が可能となります。

 User Prompt

**生成AIを取り扱った書籍の市場規模をフェルミ推定で算出して下さい。
書籍のターゲットは30代前半の役職なしオフィスワーカーで、生成AIをビジネスに利用して仕事を効率よく進めようと考えている、という特徴があります。**

 Answer Sample

1. ターゲット層の総人口を推定
   - 日本の総人口：約1.25億人
   - 労働力人口 (15歳以上)：約7700万人
   - 30代前半の人口比率：約7%、30代前半の人口：7700万人 × 7% ≈ 539万人
   - オフィスワーカーの比率 (全労働者の中で)：約30%
   - 30代前半のオフィスワーカー：539万人 × 30% ≈ 162万人
2. ターゲット層の生成AIに対する関心度を推定
   - 生成AIに関心がある人の比率：約10%
   - ターゲット層の関心がある人：162万人 × 10% ≈ 16.2万人
3. 購入意欲を推定
   - 本を購入する意欲がある人の比率：約50%
   - 本を購入する人：16.2万人 × 50% ≈ 8.1万人
4. 年間購入冊数を推定
   - 一人当たりの年間購入冊数：1冊
   - 総購入冊数：8.1万冊
5. 市場規模を金額に換算
   - 平均単価：2000円
   - 市場規模：8.1万冊 × 2000円 = 1億6200万円

以上の推定により、生成AIを取り扱った書籍の市場規模は約1億6200万円と算出されます。

084 ブレインストーミングを行う

ブレインストーミングなどのアイディア出しを人間が行おうとすると、複数人が集まって一定時間拘束する必要があり、なかなかハードルが高いのが現状です。この点、生成AIを使ったブレインストーミングは一人でかつ高速で行うことができるので、非常に取り入れる価値がある活用方の1つと言えるでしょう。ChatGPT-4oで強化されたより人間らしい回答やレスポンスの速さを活かすこともできます。

User Prompt

「次世代テレビに欲しい機能」というテーマでブレインストーミングを行ってください。

Answer Sample

ブレインストーミングアイディア

1. 超高解像度ディスプレイ
   • 8K、さらには16K解像度、HDR10+ や Dolby Vision 対応
2. インタラクティブ機能
   • 音声操作の高度化、手のジェスチャーや顔認識による操作、視線追跡機能
3. コンテンツの多様化
   • ストリーミングサービスの統合、ゲームストリーミング対応、VR/ARコンテンツの視聴
4. AI搭載
   • コンテンツレコメンデーションエンジン、自動音量調整、画質調整、視聴パターン分析
5. 完全なワイヤレス接続
   • 電源供給も含めた完全なワイヤレス、ワイヤレスオーディオ、高速Wi-Fi対応
6. デザイン
   • 壁にぴったりと設置できる超薄型、機能や部品を交換・追加できるモジュール型の設計

   ……後略

LLMは自分のPCでも動かせる？

▶ LLMモデルを動かすことはできる？

現在LLMモデルの一部はオープンソースモデルとして公開されており、それを個人用の非常に高い性能を持ったパソコンで利用することは可能です。しかし、そのような設備を備えるのは容易ではなく、また速度や生成したテキストの精度も必ずしも良いものとは言えないため、現実的ではありません

▶ LLMとSLMの使い分け

一方で我々が気軽にChatGPTで利用するようなタスクは、必ずしもLLMで演算する必要はありません。そこでLLMの軽量版であるSLM（Short Language Model）を利用しようとする動きがあります。特定のタスクのみに注力し、モデルを軽量化することでメモリ使用量を抑えることができ、主に小型端末向けの利用が想定されています。

▶ キーとなるのはNPU

そんななか着目されているのがNPU（Neural Processing Unit）です。NPUはその名前の通りニューラルネットワークを利用したAIのタスクに特化したプロセッサであり、従来のCPUやGPUよりも低い費電力で高性能な計算ができるように設計されています。さらに小型であることから、パソコンやスマートフォンに組み込むことができるため、これまでインターネット通信を使ってアクセスしていた処理の一部を、前述のSLMと組み合わせて端末レベルで行うことができるようになると見られます。MicrosoftはNPUとSLMを備えたCopilot+ PCシリーズの発売を発表しました。この流れはかつて起こったガラケーからスマートフォンへの変遷のように、内蔵する機能によって大きく端末の設計が変わる事態が発生することも否めません。マウスやキーボードによる入力が少なくなれば、タブレット型が主流になるかもしれませんし、常にヘッドセットをして自然言語による入出力による利用が流行ることも考えられます。いずれにせよ重要なことは、新しい技術を試してみて自身の業務にも取り入れられるものなのか検討することです。

Chapter

5

情報を検索する

情報検索で膨大な時間を取られてしまっていてはいつまでたっても仕事は終わりません。情報検索にもChatGPTを活用していきましょう。ハルシネーションに気を付けながら使えば、自分でWebを調べるよりもはるかに効率的に、詳しい情報を手に入れることができます。

085　ChatGPT内で情報を検索する

このChapterではChatGPTを利用して調べものに使う方法を解説していきます。

まず、注意点としてChatGPTなどの機械学習によって学習を行った生成AIは、特殊な方法を利用しない限り学習データに含まれている情報のみを頼りに回答を出力します。したがって最新の情報や特殊な条件についての回答を引き出すことはできません。あくまで一般的な内容を検索することに利用しましょう。

User Prompt

LLMの原理についてやさしく教えてください

Answer Sample

LLM（Large Language Models、大規模言語モデル）について、分かりやすくご説明いたしますね。

LLMは、人間が使用する言語を理解し、生成するために設計されたAI（人工知能）の一種です。これらのモデルは大量のテキストデータから学習し、その学習を通じて言語の構造や文脈、意味などを理解する能力を持っています。

LLMの基本的な原理
データの収集と前処理：LLMは、インターネット上の記事、書籍、会話など、膨大なテキストデータを元に学習します。このデータは、モデルが学習しやすいように整形される必要があります。
学習（トレーニング）：整形されたデータは、ニューラルネットワーク（特にトランスフォーマーモデルが一般的）に入力されます。これらのモデルは、テキスト内の単語やフレーズの関係性を理解するために、データを何度も何度も処理します。
パターンの把握：学習過程で、モデルは文の構造や単語の意味、文脈に基づく言語のパターンを把握します。たとえば、「猫は魚が好きですが、チョコレートは…」という文の次に「食べられない」と自然に予測する能力などです。

……後略

ChatGPTで調べるときは情報の質について指示を加えておくと良いでしょう。

例えば「やさしく」、「分かりやすく」、「専門用語を使わず」などを指定することでより分かりやすい一般的な用語に置き換えて回答を出力してくれます。一方で、専門分野の情報を詳しく知りたいときは「詳しく」、「詳細に」、「できるだけ正確に」のような指定をして利用します。

> ### Tips：実は学習した内容以外も回答できる？
> 生成AIの回答は学習データに依存していると説明しましたが、場合によっては本当にこんな文章が学習データに含まれているのか疑問に思うような回答が出力されることもあります。本書で解説しているTransformerをベースとしたモデルは、あくまで単語や文章の関係性を学んでいるため、学習データに含まれていない内容であっても確率的に判断して出力するのです。正確性が求められる部分では少し使いにくい特性かもしれませんが、この方法によって生成AIは様々なタスクをこなせるようになり飛躍的な進歩を遂げました。

 User Prompt

AIの学習について詳しく教えてください

 Answer Sample

AI（人工知能）の学習プロセスをより詳細に解説いたします。AIの学習方法は主に「機械学習」と「深層学習」という二つのカテゴリーに分けられますが、これらは連携して機能することが多いです。ここでは、そのプロセスと構成要素について深掘りしていきます。

機械学習の基本
機械学習はAIを訓練するための一般的な方法で、データからパターンを学習し、それをもとに予測や決定を行うことができます。以下に、機械学習の基本的なステップを示します。

データの収集：AIモデルの学習には大量のデータが必要です。このデータは、モデルが学習するための「経験」となります。
データの前処理：収集したデータは必ずしも学習に適した形式であるとは限りません。不完全なデータの除去や、特徴量の選択、正規化などの処理が必要になります。

……後略

Idea

086 情報の確かなソースを検索する

ビジネスにおいて正確な情報源を把握して一次ソースを確認することは非常に重要です。生成AIで調べごとをする際にもしっかりと情報の出どころを把握しておきましょう。

ブラウザ検索とは異なり入力条件に組み込むだけで出典元を示してくれるので、これを利用しない手はありません。情報検索にかかる時間が大幅に短縮できます。

User Prompt

小売業界における DX について過去10年間の歩みを総括してください。
また、その根拠となる資料の出典元の情報を合わせて出力してください。

Answer Sample

小売業界におけるデジタルトランスフォーメーション（DX）の過去10年間の歩みを総括すると、以下のような主要なトレンドと進展が見られます。

1. オムニチャネル戦略の進展
過去10年間で、多くの小売業者がオムニチャネル戦略を採用し、顧客に対して統合されたショッピング体験を提供するようになりました。オンラインとオフラインのチャネルを連携させることで、在庫管理、顧客サービス、マーケティングを最適化しています。具体例として、ウォルマートやターゲットがオンライン注文を店舗で受け取れるサービス（BOPIS：Buy Online, Pick Up In Store）を導入したことが挙げられます。

2. AIと機械学習の活用
AIと機械学習技術が小売業界で広く採用され、需要予測、パーソナライズされたマーケティング、在庫管理の改善に寄与しています。例えば、Amazon は商品のレコメンデーションシステムを高度化し、顧客の購買履歴に基づいて精度の高い提案を行うことで売上を伸ばしています。……後略

出典元情報：以下の資料がこれらの情報の根拠として挙げられます：
1. McKinsey & Company「The future of retail operations：Winning in a digital era」(2019年)
2. Boston Consulting Group (BCG)「Retail 2020：Reinventing retail through digital transformation」(2018年)

087 パソコンの操作を検索する

生成AIで調べものを行う内容として相性が良いのが、学習元となったWeb上に多くの情報が存在する分野の内容です。具体的にはパソコンの操作やプログラミングについてなどが挙げられます。これらをブラウザで検索すると大量のアフィリエイトサイトが引っ掛か

り無駄な時間を取られることがありますが、今日から生成AIを利用すれば快適になること間違いないでしょう。不慣れな内容なときは「詳細を省かず」や「ステップごとに」などの条件を追加することをおすすめします。

User Prompt

Windows11のパソコンでスクリーンショットの保存の仕方を教えて下さい。パソコン操作が苦手なので詳細を省かず手順ごとに箇条書きで出力してください。

Answer Sample

もちろんです。Windows 11 でスクリーンショットを保存する方法を、詳細な手順とともにご説明します。パソコン操作に不安がある場合でも、一つずつ丁寧に進めていけば大丈夫ですよ。

全画面スクリーンショットを保存する方法
1. スクリーンショットを撮影する
• キーボードで「PrtScn」(Print Screen) キーを押します。これにより、画面全体のスクリーンショットがクリップボードにコピーされます。

2. ペイントを開く
• スタートメニューをクリック (または Windows キーを押す)。
• 「ペイント」と入力して、検索結果から「ペイント」アプリを開きます。

3. ペイントに貼り付ける
• ペイントが開いたら、左上の「貼り付け」ボタンをクリックするか、キーボードで「Ctrl」+「V」を押して、クリップボードの内容 (スクリーンショット) をペイントに貼り付けます。

……後略

088   Excel関数を調べる

現代ビジネスマンと切っても離れられない
くらい仕事に定着したExcelは顧客のデータ
ベースから印刷物フォーマットまでありとあ
らゆる形で利用されています。

そんなExcelの関数やちょっとした使い方
も生成AIで検索することができます。また、
実際に関数を作成して出力させることもでき
ます。

 User Prompt

Excelで作成された顧客データベースから特定の条件を満たす顧客リストを出
力するワークシートを作成します。どのExcel関数を使えばよいでしょうか。
また、そのサンプルを作成してください。

 Answer Sample

Excelで特定の条件を満たす顧客リストを出力するためには、以下の関数を利用します。

1. FILTER関数 - 条件を満たすデータを抽出します。
2. IF関数 - 条件を設定するために使用します。
3. ANDまたはOR関数 - 複数の条件を組み合わせるために使用します。。

サンプルデータ
以下のような顧客データベースを考えます。

顧客ID	名前	年齢	性別	購入金額	会員
001	田中 太郎	28	男	5000	有効
002	鈴木 次郎	34	男	10000	無効
003	佐藤 花子	45	女	15000	有効
004	伊藤 太郎	22	男	2000	無効
005	山田 花子	30	女	7000	有効

条件
1. 購入金額が5000円以上
2. 会員が有効

FILTER関数の使用例
以下の例では、上記の条件を満たす顧客リストを新しいワークシートに出力します。
1. 顧客データベースが Sheet1 にあり、A1:F6 セルに格納されていると仮定します。
2. 新しいワークシートに以下のように入力します。

```excel
=FILTER(Sheet1!A2:F6, (Sheet1!E2:E6 >= 5000) * (Sheet1!F2:F6 = "有効"))
```

この数式は、Sheet1 の A2:F6 セル範囲から、購入金額が 5000 円以上かつ会員が有効な顧客を抽出します。
その結果、以下のような結果が得られます。

顧客ID	名前	年齢	性別	購入金額	会員
001	田中 太郎	28	男	5000	有効
003	佐藤 花子	45	女	15000	有効
005	山田 花子	30	女	7000	有効

この方法により、特定の条件を満たす顧客リストを簡単に抽出し、新しいワークシートに出力できます。

User Prompt

今作成した関数のサンプルを Excel ファイルで出力してください

Answer Sample

Excel ファイルを作成しました。以下のリンクからダウンロードできます。

📄 顧客データベースサンプルファイル .xlsx

089　プログラミングのコードを調べる

パソコンの使い方やExcelなどのOfficeソフト以外にもPythonなどのプログラミング言語についてもChatGPTで検索することができます。

ここではコードを入力として与えて、その

コードの役割が分かるようにコメントを作成してもらいました。ChatGPTでは出力された結果をボタン一つでコピーできるので非常に使いやすい設計になっています。

 User Prompt

このコードの働きについて解説してください。

また、分かりやすいようにコードにコメントを追加して**出力してください**。

📋 調べたいコードを入力

```python
class Animal:
    def __init__(self, name, species):
        self.name = name
        self.species = species

    def speak(self):
        return f"{self.name} says hello!"

dog = Animal("Buddy", "Dog")
cat = Animal("Whiskers", "Cat")

print(dog.speak())
print(cat.speak())
```

📋 コードをコピーする

 Answer Sample

コードにコメントを追加し、各部分の働きを解説します。

```python
# Animal クラスの定義
class Animal:
    # クラスの初期化メソッド
    def __init__(self, name, species):
        self.name = name  # インスタンス変数 name に値をセット
        self.species = species  # インスタンス変数 species に値をセット

    # インスタンスメソッドの定義
    def speak(self):
        return f"{self.name} says hello!"  # name を使って挨拶メッセージを返す

# Animal クラスのインスタンスを生成
dog = Animal("Buddy", "Dog")  # name に "Buddy", species に "Dog" をセット
cat = Animal("Whiskers", "Cat")  # name に "Whiskers", species に "Cat" をセット

# インスタンスメソッドの呼び出しと結果の表示
print(dog.speak())  # "Buddy says hello!" が表示される
print(cat.speak())  # "Whiskers says hello!" が表示される
```

解説

1. クラスの定義

"Animal" という名前のクラスを定義します。クラスはオブジェクトの設計図です。

```python
class Animal:
```

2. 初期化メソッド "__init__"

クラスのインスタンスが生成されるときに呼び出される特別なメソッドです。"name" と
"species" の2つの引数を受け取り、それらをインスタンス変数 "self.name" と "self.species" に
セットします。

```python
def __init__(self, name, species):
    self.name = name
    self.species = species
```

……後略

171

090 Webで最新情報を調べる

ここまでは生成AIで調べものを行う方法について解説してきましたが、ChatGPTはWeb検索を利用して最新の情報の検索にも利用することができます。

注意点としては「最新の情報」や「Web上から」のように明確に指定を行わないと、ChatGPTモデルが学習した情報だけで回答を生成することがある点です。

 User Prompt

日本における生成AIの企業活用例についてWeb上から最新の事例を検索してください。

 Answer Sample

日本企業の生成AI活用の最新事例について、以下の情報が見つかりました。

1. ソフトバンクと日本マイクロソフトの共同開発

ソフトバンクは日本マイクロソフトと共同で生成AIを活用し、コールセンター業務の自動化を進めています。これにより、顧客の待ち時間を短縮し、対応の均質化を図ることを目指しています。ソフトバンクは既に生成AIを導入し始めており、2024年7月以降に本格的な展開を予定しています（Webリンク）。

2. neoAI

neoAIは企業向けに生成AI戦略の立案からPoC（概念実証）、開発までを一貫して支援するスタートアップです。主に大手企業や金融機関向けに生成AI開発・コンサルティングを提供しています。また、LLM（大規模言語モデル）に基づくソリューションを提供し、業務の効率化やアイデア創出のサポートを行っています（Webリンク）。

……後略

続いて検索した情報の一次ソースの情報を
より詳しく調べていきましょう。出典元のサ
イトやその関連サイトを調べてまずは要約を
出力させます。そして気になるものをまた調
べて…と繰り返すことで非常に効率よく情報
を検索することができます。

　特にこれまで単語をキーワードに検索して
必要な情報を探していたのものが、たった一
文条件に「要約してください」を追加するだけ
で大きく負担の軽減につながります。

> **Tips：自然言語で検索条件を定める**
>
> ChatGPT による検索を知ってしまうと、もは
> やこれまでのブラウザ検索には二度と戻れな
> いぐらいの衝撃を受けますが、まだまだ生成
> AIの特徴を利用した効率的な使い方がありま
> す。この後順に事例を紹介していきますが、
> 特に条件を自然言語のもつあいまいさを利用
> して指定できることは大きな変化です。これ
> まで情報の検索がうまくいっていなかった方
> も、自分が欲しいものの条件を文章や箇条書
> きで指定することができるようになった革新
> 的なツールを使用しその力を実感して下さい。

User Prompt

これら活用の事例について具体的な内容と情報源をまとめたリストにして出力
してください。

Answer Sample

まとめたリスト

1. ソフトバンクと日本マイクロソフトの共同開発：
内容：コールセンター業務の自動化
情報源：ソフトバンクプレスリリース (Web リンク)

2. neoAI
内容：企業向け生成AI戦略の支援
情報源：創業手帳 (Web リンク)

3. 生成AI関連スタートアップの増加
内容：文字起こし、音声生成、動画生成などの新ビジネスモデル
情報源：AIsmiley (Web リンク)

……後略

Idea
091　競合商品について調べる

商品情報を条件として入力してそれに類似する、もしくは市場が競合する商品を検索して一覧を作成します。

条件が多くなる時はタスク分解して順番に実行させるか、出力例をあらかじめ用意して入力時に一緒に与えるようにしましょう。さらに作成した一覧をベースにして口コミ分析やポジショニングマップを作成するなどChatGPT上で様々なタスクを実行することができます。

User Prompt

以下の**商品情報**に類似する競合商品を Web 上から検索して**リストアップして**ください。

商品情報
商品名：ザクザクアーモンドクランチチョコ
価格：300円
ターゲット：30代男性
特徴：容量100グラム、細かく砕いたアーモンドと程よい甘みのミルクチョコレート

Answer Sample

以下の競合商品がザクザクアーモンドクランチチョコに類似しています

1. ○○社 アーモンドのクランチチョコ
特徴：アーモンドとカカオ30%のホワイトチョコを使用したクランチチョコ
容量：95グラム
価格：600円 (Webリンク)

2. ○○社 とれたて苺のクランチチョコ
特徴：ホワイトチョコと苺パウダーのクランチチョコ
容量：95グラム
価格：500円 (Webリンク)

……後略

続いてChatGPTが作成したリストをもとにさらに詳しい情報を検索させて、その検索結果を利用した分析まで実行してしまいましょう。ここでは各商品のレビュー情報を集めてそれぞれの評価に繋がったポイントを分析して出力させてみます。さらに競合商品を設計する上での差別化の方法についてアイデアを提案するように指示を加えました。

Tips：実物を確認することも忘れずに

ChatGPTを使った情報検索はテキストベースでの仕事を非常に低コストなものに変えてくれます。これによって生まれた時間やマンパワーは生成AIがまだカバーしきれない部分、すなわち人間が実際に見て触れて感じるタスクに充てるようにしましょう。生成AIはあくまで使用者に気付きを与えてくれるツールであることを忘れずに。

User Prompt

〇〇社 アーモンドのクランチチョコについて商品レビューを検索してその**商品の特徴を分析し、評価されている特徴をレポートにまとめて**下さい。
またその**商品との差別化案を提案してください。**

Answer Sample

特徴と評価ポイント
1. 味わいと食感
　香ばしさ：アーモンドの風味が際立ち、ホワイトチョコレートのまろやかな甘さと相性抜群です。
　ザクザク食感：クランチの食感が楽しく、軽やかな噛み応えがあります（Webリンク）。

2. パッケージ
　個包装：使い勝手が良く、シェアしやすいのが好評です（Webリンク）。

競合商品との差別化案
1. フレーバーバリエーション
　ユニークな味の展開：例えば、スパイスを効かせたピスタチオクランチや、フルーツ（ベリー類）を混ぜ込んだバージョンを展開することで、他の商品との差別化が図れます。

2. 健康志向の強調
　砂糖不使用や低カロリー版：健康を意識する30代男性向けに、低糖質や砂糖不使用のオプションを提供するのも一つの差別化ポイントです。

……後略

092 公開資料の中から検索する

検索で有効な一次ソースになかなかたどり着けない場合は検索範囲を公的機関の資料に限定する条件を指定しましょう。

例えば「日本の公的機関が公開している資料」や「米国の統計資料」のように検索条件を指定することで、有効な情報源にたどり着く可能性が大幅にアップします。これらの資料はボリュームが多いことが多々あるため、さらに内容の検索や要約を活用すると良いでしょう。

User Prompt

日本の官庁が公開している資料の中から、**令和元年以降の政令指定都市の人口の変化について検索して、当該部分を引用した要約を作成してください。**

Answer Sample

総人口の変化
令和元年以降、日本の総人口は減少傾向にあります。総務省の統計によると、2023年10月1日現在の総人口は約1億2435万人で、前年に比べ約59万5千人減少しています（総務省統計局のWebリンク）。

自然増減と社会増減
日本全体では自然減少（出生数より死亡数が多い）と社会増加（転入者が転出者を上回る）が見られます。2023年の統計では、自然減少が約83万7千人となり、17年連続で自然減少が続いています。一方、社会増加は24万2千人で、2年連続の増加となっています（総務省統計局のWebリンク）。

都道府県別の動向
東京都のみが人口増加を示しており、増加率は0.34%で前年より拡大しています。46道府県では人口減少が見られ、特に山梨県の減少率が大きく拡大しています（総務省統計局のWebリンク）。

政令指定都市の動向
政令指定都市の多くでも人口減少が見られます。これらの都市では、自然減少が続いており、社会増加に転じる動きも一部で見られます。例えば、静岡県や岐阜県では社会減少から社会増加に転じた例があります（総務省統計局のWebリンク）。……後略

検索によって得られた情報の中から、より自分の求めている情報に近いものをそのまま続けて検索します。さらに別の条件を加えてシミュレーションを行うこともできます。

1つのプロンプトでまとめて行う際のコツは、ChatGPTが行うタスクをステップごとに分解しそれぞれを一文ごとにして入力することです。人間に分かりやすい文章は生成AIにも正確に伝えることができます。もちろん箇条書きの条件指定でも構いません。

> **Tips： 求めている情報が検索できない場合**
> インターネットブラウザと同様にChatGPTを使った検索でもうまく情報が検索できない場合があります。おすすめの対応の方法として、まずは回答の再生成を行いましょう。それでも解決しない場合は回答をよく読んで、誤った回答を生成してしまう原因を分析しましょう。また、直前のやり取りも影響することが知られていますので話題を変える際には新しいチャットを利用するようにしましょう。

 User Prompt

1. 静岡県の政令指定都市の人口について社会減少から社会増加に転じた例を解説している資料を検索してその要因を分析してください。
2. さらにその事例が奈良県の都市で再現できるか検討してください。

 Answer Sample

静岡県の政令指定都市の人口動態の変化と要因

静岡県
静岡県の人口動態を見ると、社会減少から社会増加に転じた要因として、特に若者の流入が挙げられます。静岡市や浜松市では、働きやすい環境の整備や新しい産業の誘致が進み、若年層の転入が増加しています。また、交通インフラの改善や生活環境の向上も寄与しています（総務省統計局のWebリンク）。

奈良県での再現性
奈良県の現状
奈良県の人口動態を改善するには、上記の成功例を参考にすることが有効です。奈良県の主要都市（奈良市、生駒市、橿原市など）は、現在も人口減少が続いています。これらの都市で社会増加に転じるためには、以下の要因が考えられます。……後略

093　メディアを絞って検索する

ChatGPT の検索はメディアを絞って検索することもできます。「日本で発行されている新聞」や「YouTube の動画」などの条件を指定して検索しましょう。

また、動画や記事の内容を全部確認する時間がないときは、その内容を要約してもらうことで確認の手間を減らすことができます。求めている内容が見つかり、その内容をより詳しく知りたいときはリンクから出典元を訪ねて確認するようにしましょう。

User Prompt

2024 年に YouTube へ投稿された、訪日外国人に対するインタビュー動画を検索してください。その**動画の内容を要約して**レポートを作成してください。

Answer Sample

レポート：2024 年の訪日外国人インタビュー動画

2024 年に YouTube に投稿された、訪日外国人に対するインタビュー動画からの内容を以下に要約します。

動画1：「We asked foreign tourists」
この動画では、日本を訪れる外国人観光客に対して、滞在中の感想や体験についてインタビューしています。観光客たちは主に以下の点について語っています

- 日本のホスピタリティと清潔さに感動。
- 食事の美味しさやバラエティが豊富なことに驚き。
- 言語の壁を感じることもあるが、多くの場所で親切な対応を受けている。
- 公共交通機関の利便性と正確さに感銘を受けたという声が多いです。

詳細はこちら (YouTube)。……後略

Idea

094 多言語で検索する

ChatGPTによるWeb検索を最も生かせるのは多言語の資料にも同時にアクセスできることと言っても過言ではありません。

マイナーな言語の資料も含めてまとめて検索し、さらに翻訳と要約までもセットで実行させることができます。これによりこれまで主に英語圏に絞られていた情報源を一気に広げることができます。もちろん情報の裏付けも忘れずにとりましょう。

User Prompt

為替レートの見通しについて複数の言語で検索して下さい。
検索結果は全て日本語に翻訳して要約を出力してください。
また、最後に出典元を記載してください。

Answer Sample

2024年の為替レートの見通しについて、複数の言語で調査し、以下にまとめました。

米ドル (USD)
2024年に向けて、米ドルは引き続き強さを維持すると予測されています。これは主に、米連邦準備制度 (Fed) の利下げの期待が減少し、米国の経済が堅調であるためです (出典リンク)(出典リンク)。
欧州中央銀行 (ECB) がFedよりも先に金利を引き下げると予想されており、これによりユーロに対するドルの優位性が強化される見込みです (出典リンク)。

ユーロ (EUR)
ユーロは2024年を通じて対ドルで弱含みになると予想されています。ECBが利下げを行う可能性が高く、その結果、ドルとの金利差が拡大することが背景にあります (出典リンク)。
具体的には、2024年末までにEUR/USDは1.09に達すると予測されています (出典リンク)。

日本円 (JPY)
日本円は米ドルに対して引き続き弱含みになると見られていますが、円の介入の可能性がリスク要因として残っています。USD/JPYは2024年末までに153に達する可能性があります (出典リンク)

Chapter 5

Idea
095　画像を入力して検索する

　画像を検索する方法としてはGoogleレンズが有名ですが、ChatGPTでも同じように利用することができます。この方法は特にカメラ機能が付いているスマートフォンで利用することが多いかもしれません。

　一旦画像を読み込んで検索条件を設定しており、画像と全く同じものを探すのではなく「似ているもの」や「同じ配色の○○」を検索することにも活用することができます。

 User Prompt

入力した画像に似ているデザインの商品を検索してください。また色やデザインなどの共通点を感じられる要素が含まれるものも検索してください。

 検索したい画像を入力する（例：婦人用の花柄の帽子）　

 Answer Sample

画像に似たデザインの商品を検索するために、いくつかのキーワードを使って検索します。まず、以下のキーワードを使って商品を探します。

1. 花柄の帽子
2. フラワーアレンジメント付きの帽子

ご提供いただいた写真のデザインに一致するアイテムをいくつか見つけました。検索結果を次に示します。

1. 花柄の帽子：画像の帽子と同様に、カラフルな花のアクセントを組み込んだ、美しくデザインされた花柄の帽子です。通販サイト○○では、さまざまな手作りバージョンを見つけることができます。たとえば、花と風変わりなデザインを組み合わせた例(Webリンク)です。

…後略

Idea

096 　画像を検索する

指定した条件に該当する画像を検索することもできます。素材サイトの1つ1つで画像を探す手間を減らしたり、仕事を依頼するアーティストを探すのにも役立ちます。

また、思い描いているイメージにピッタリなものがなければChatGPTに搭載されているDALL・Eによる画像生成を利用して、資料や素材として条件にピッタリ合う画像を準備することができます。

User Prompt

以下の条件に該当する画像を検索して出典元を出力してください。
また、見つからない場合は代わりに条件を満たす画像を生成してください。

　主題：白いワンピースを着てほほ笑む黒髪の女性
　副題：日本の夏が感じられる
　背景：青空と大きな積乱雲、ひまわり畑
　雰囲気：さわやか
　色合いなど：コントラストが強めで主題が目立つ

Answer Sample

日本の夏らしい青空と積乱雲を背景に、ひまわり畑で微笑む白いドレスを着た黒髪の女性の写真の説明に一致する画像が複数見つかりました。

Getty Imagesでは、高品質の青空の下、ひまわり畑のストックフォトやイラストを豊富に取り揃えています。 白いワンピースを着た黒髪の女性の特定の画像は強調されていませんでしたが、同様のテーマを含む可能性のある広範なコレクションが存在します。（Webリンク）

iStockには、青空とひまわり畑の画像も多数あります。 あなたのニーズに合った写真など、膨大なコレクションが揃っています。（Webリンク）

完全に一致する特定の画像が必要で、それがコレクションにない場合は、条件に基づいて画像を生成できます。 このまま進めてほしい場合はお知らせください。

Idea

097　論文を検索する

　論文などの専門分野の検索にも自然言語による条件指定は大変有効に働きます。例えば、「公開が新しい順に10件」や「著者に〇〇氏が含まれている」など自分で検索するにはかなり複雑な条件を複数指定できるように

なったことで劇的に検索の難易度が変わりました。要約を翻訳してリスト化するだけでも勉強会の準備や最新の動向チェックには事足りるでしょう。

User Prompt

iPS細胞を利用した再生医療に関係する学術論文を、公開日が新しい順に5件検索してください。さらにそれぞれの論文の要約を翻訳してください。

Answer Sample

以下は、iPS細胞を利用した再生医療に関する最新の学術論文の検索結果と、それぞれの論文の要約の翻訳です。

1. Human Stem Cell Research and Regenerative Medicine
公開日：2024年5月
要約翻訳：
この論文は、ヒト誘導多能性幹細胞（iPS細胞）を用いた再生医療の最新の進展について述べています。iPS細胞の生成方法、臨床応用の現状、および将来の方向性が詳細に議論されています。特に、自家細胞を使用した治療の可能性と安全性に焦点を当てており、iPS細胞技術の臨床応用がどのように進展しているかを示しています。

2. Induced Pluripotent Stem Cells：Applications in Regenerative Medicine
公開日：2024年4月
要約翻訳：
この論文は、誘導多能性幹細胞（iPS細胞）の生成方法とその再生医療、疾患モデル、および薬剤発見への応用について詳述しています。iPS細胞の生成に必要な再プログラム因子の導入方法、特に統合型および非統合型のウイルスベクターシステムについて説明しています。また、iPS細胞技術の臨床応用の進展と将来的な可能性についても議論しています。……後略

Idea

098 会食用のお店を検索する

　Web検索のメリットの一つとして最新の情報を検索できるという点があります。ここでは会食の予約を例に、いくつかの条件を指定することで目的にあったお店を簡単に探し出す方法を解説します。API機能を使うことで予約まで実行させるサービスもあるようですが、全ての店舗に対応しているわけではないため、実際の予約は自分で行うことをおすすめします。続くやり取りで、予約が可能な日本語のWebページのリンクを検索しましょう。

 User Prompt

条件を満たす会食用の飲食店を検索して最適なプランを提案してください。

- 2024年8月1日18時から
- 4人
- 予算　一人一万円程度
- 東京都港区
- 駅から徒歩5分圏内
- 個室

 Answer Sample

東京都港区でのビジネスディナーにおすすめの、条件に合わせた3つの選択肢をご紹介します。

1. 料亭 ○○
　- 所在地：東京都港区●● ●丁目●-●●
　- 最寄駅：◆◆駅、△△駅（どちらも徒歩5分圏内）
　- 料理：伝統的な日本懐石
　- 予算：1人あたり10,000円程度
　- 特徴：美しい日本庭園を望む個室
　- 注意：静かな雰囲気と質の高いサービスにより、このレストランはビジネスディナーに最適です。ご予約を強くお勧めします（Webリンク）。……後略

Idea

099 ChatGPTで実行可能か確認する

ここまでたくさんのChatGPTを利用したアイデアを紹介してきましたが、本書で紹介した以外にも「こんなことができるんじゃないか」という妙案が浮かんできた方も多くいらっしゃることでしょう。そんな時はどうすればそのアイデアを実行できるかChatGPTそのものに確認する方法があります。

User Prompt

ChatGPTでExcelファイルのスクリーンショットをテキスト化することはできますか。**また、それに必要なことを手順書にまとめて下さい。**

Answer Sample

GPT-4の一部バージョンは画像の文字認識 (OCR) をサポートしています。この機能を使用して、Excelファイルのスクリーンショットから直接文字を抽出し、テキストファイルに変換することが可能です。以下に、その手順をまとめます。

手順書
必要なツール
ChatGPT (GPT-4 Turbo)
テキストエディタ (例：Notepad、Microsoft Word、Google Docs)

手順
1. スクリーンショットの準備
Excelファイルの必要な部分をスクリーンショットとして保存します。
画像形式は一般的にPNG、JPEGなどが使用されます。

2. ChatGPTに画像をアップロード
ChatGPT (GPT-4 Turbo) にアクセスします。
画像アップロード機能を使用して、Excelファイルのスクリーンショットをアップロードします。
……後略

100

ChatGPTに実装された新機能を確認する

ChatGPTが登場してからというものあっという間に今まで考えてもみなかった様々な機能が短期間で続々と追加されてきました。今後もこれまで以上に多様な用途が可能になるようなアップデートが進んでいくことが考えられます。ここでは直近で公開された最新モデルChatGPT-4oをモデルケースとして新機能が実装された際にどのようなものなのか確認する方法を試してみましょう。

User Prompt

ChatGPT-4oモデルではこれまでの機能に加えてどのような機能が追加されましたか。最新の情報をもとに回答してください。

Answer Sample

GPT-4 Omni (GPT-4o) モデルには、従来のバージョンに比べていくつかの重要な機能強化が追加されています。以下に、主な新機能を日本語でまとめました。

マルチモーダル機能
GPT-4oは、単一のモデルでテキスト、画像、音声の処理と生成が可能です。これにより、ユーザーは異なる種類の入力と出力をより自然かつ効率的に切り替えたり、組み合わせたりすることができます (Webリンク)。

強化された視覚処理
モデルは画像や動画などの視覚入力を理解し、それについて議論することができます。たとえば、紙に書かれた数学の問題をフォローし、答えを直接教えるのではなく、ステップごとにガイドすることが可能です (Webリンク)。

多言語およびクロス翻訳機能
GPT-4oは50の異なる言語でのパフォーマンスが向上しており、高品質かつ迅速な翻訳を提供します。これにより、リアルタイムでのクロス言語コミュニケーションが非常に効果的になります (Webリンク)。

……後略

RAGについて知っておこう

▶ RAG (Retrieval-Augmented Generation) とは

生成AIを各社が実際のビジネスで利用する形の1つとしてRAGが挙げられます。RAGは、文書検索 (Retrieval) と言語生成 (Generation) の2つの主要なステップから成り立っており、入力されたクエリ (例えば質問やテーマ) に基づき、関連する文書や情報をデータベースから検索します。そして検索された文書を基に、言語モデルが詳細な回答や文章を生成して出力するシステムです。

▶ RAGにおけるLLMの役割

LLMはRAGシステムの「Generation」部分で主に活用されます。大規模な言語モデルは、豊富な一般知識と言語理解能力を持ち合わせているため、検索された文書の内容を基に、自然で正確な文章を生成することができます。OpenAIによって開発されたGPTシリーズなどが、この用途でよく使用されます。

▶ RAGの課題と現在の実装

RAGを実装する上での課題は、効率的かつ正確に文書を検索する方法と、検索された情報を自然な文章に統合する方法の2点です。特に、検索された情報が不完全または不正確な場合、生成される文章の質に影響を与える可能性があります。したがって不正確な情報も混在するウェブ上ではなく、自社で作成したデータベースのような、あらかじめデータクリーニングされた情報の中から検索する形で実装が進んでいます。社内ウィキを利用したチャットボットなどがその一例です。

▶ 簡易RAGをGPTsで実装する

最も簡単なRAGの実装はOpenAIが提供しているGPTsを利用したものです (P.190を参照)。GPTsは特定のタスクに特化させたChatGPTで事前にファイルをアップロードして参照させることもできます。この機能を利用して、検索元として参照させたい文章をあらかじめ入力しておき、このGPTsを共有することですぐに使うことができます。

付　録

各種サービスの登録方法

本書の冒頭で紹介した ChatGPT 以外の LLM サービスの
登録方法と OpenAI API の使用方法を解説します。

"GPTs を使ってみる"

特定のタスクに特化した GPTs と呼ばれる機能を使うことで仕事をさらに簡略化できるかもしれません。ここでは基本的な使い方とおすすめの GPTs を解説します。

▶ GPTs とは

GPTs とは特定のタスクに特化した ChatGPT のモデルです。公式が公開しているものに加えてユーザーが自分でカスタマイズしたものも利用することができます。使い方は通常のChatGPT と大きく変わらず、自然言語のやり取りで行うことができます。また、24 年 6 月時点では有料プランのユーザーであれば自分でオリジナルの GPTs を作ることもできます。

▶ 公開されている GPTs を使ってみる

GPTs はブラウザ版、スマートフォン版ともに利用が可能です。まずは使いたい機能を持ったGPTs を探しましょう。サイドバーを展開し［GPT を探す］❶をクリックすると GPTs の検索画面が表示されます。タスクごとに分けられたタブや検索ボックスを利用して使いたいGPTs を検索することができます。

使いたいGPTsが見つかったら、アイコンをクリックして詳細を表示します。利用する場合は[チャットを開始する]❷をクリックします。ここでは例として[Logo Creator]を利用してみます。

すると通常のChatGPTと同様の画面に遷移します。このまま会話をしながら利用することができます。会話を進めていくと選択したGPTsに設定されている目的に応じた出力結果を得ることができます。ここではシンプルなロゴを完成させることができました。

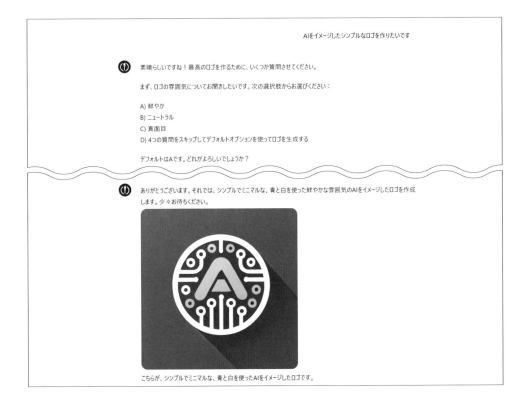

GPTsを作ってみる

自分が普段からよく行っている作業をベースにしてGPTsを作成してみましょう。ここでは基本的なGPTsの作り方を解説します。

▶ GPTsを自作するメリット

GPTsを自分で作ることで、いちいちプロンプトを入力しなくてもタスクを完了してくれる便利なアプリケーションのように利用することができます。これまで曖昧さがあるためにプログラムでの自動化が難しかったタスクも、この方法を利用することでかなり負担を減らすことができます。また、GPTsを共有することもできるのでチームの生産性を上げることにもつながります。

▶ GPTsを自作してみる

GPTsはブラウザ版でのみ作成が可能です。また現在は有料プランのユーザーに限定された機能となっています。サイドバーを展開し［GPTを探す］❶をクリックするとGPTsの検索画面が表示されます。画面右上に表示されている［+作成する］❷をクリックします。

画面が切り替わり、GPT Builderが立ち上がります。画面左側の［作成する］❸では、これまで同様にチャット形式で要望を伝えながらGPTsの作成を行うことができます。ここでは「Webから最新の世界情勢に関わる情報を見つけてきてレポートを作成する」GPTsの作成を例に説明していきます。

GPT Builderのチャットは英語で問いかけてきますが、やり取りが難しい場合は「やり取りは日本語で行ってください」という指示を与えると、親切に日本語で問い直してくれます。

GPT Builderとのチャットに従って要望を伝えていきます。この時に作成するGPTsの名前とアイコンも作成することができます。

このまま続けてチャットを通じて自然言語で指示することでアプリケーションを作成することができます。ChatGPTを利用するため、これまで同様にタスクを細かく分解してできるだけシンプルでわかりやすい指示を心掛けましょう。

最終的に設定が完了すると画面右側のプレビューで試しに利用することができます。また、画面左側を［構成］❹タブに切り替えると、これまでチャットで設定してきた内容が確認できるので、細かな調整を行う場合はこちらから直接入力すると良いでしょう。

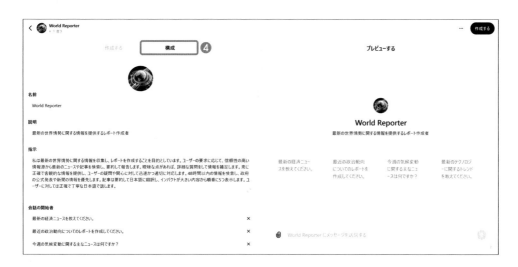

また、特定の情報にもとづく回答をさせたり、外部のファイルを利用したいときは［構成］タブを下へスクロールして［知識］→［ファイルをアップロードする］❺で使用するファイルを選択することができます。その場合は［機能］→［コードインタープリター］❻にチェックを入れておきましょう。さらに［アクション］を編集すると外部APIを利用するなどさらに細かい設定を行うこともできます。

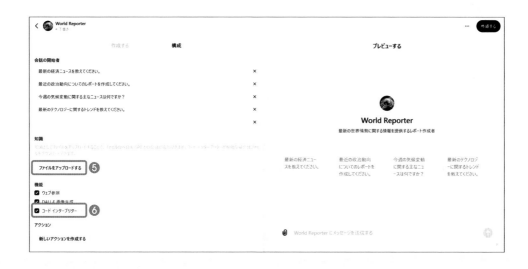

プレビューで何度か試して、その結果を見ながら追加の調整を行い、問題がなかったら画面右上の［作成する］❼をクリックして編集を完了させます。

GPTsを共有するか確認のダイアログが表示されるので、適切な設定を行い［更新する］❽をクリックします。GPTsは後から共有設定を切り替えることができます。自分や組織の業務に合わせて調整していきましょう。

GPTを更新しましたと表示されれば完了です。［GPTを表示する］⑨をクリックすると早速利用することができます。

また、作成したGPTsはマイGPTに追加され、いつでも利用することができるようになります。さらにここからGPTsの編集や削除を行うことができます。

OpenAI API を利用する

OpenAI アカウントを開設していれば API サービスを利用して様々なアプリケーションの拡張機能を利用することができます。ここでは API キーの発行方法を解説します。

OpenAI API とは

OpenAI API とは、OpenAI が提供する API（アプリケーション・プログラミング・インターフェース）のことであり、ChatGPT のように様々な自然言語処理タスクを実行するために利用できるサービスです。このサービスを利用すると ChatGPT の Web サイトだけでなく、自分の PC のコマンドプロンプトや外部アプリケーションを通じて、OpenAI が提供している文章生成や画像生成などの機能を利用することができます。また、OpenAI API は ChatGPT のプランとは別に使用量に応じて料金が発生します。

OpenAI API キーとは

OpenAI API を利用するには API キーが必要です。OpenAI API を利用する処理は、リクエストを送る際にこの API キーの照合が行われます。キーに紐づいたアカウントに利用数がカウントされるため API キーを発行した場合は厳重な管理が必要です。

OpenAI API を利用したサービスの例としては ChatGPT for Excel や Google スプレッドシートなどがよく知られており、どちらもシート上で ChatGPT への入出力を操作することができます。

OpenAI APIキーを発行する

まずは OpenAI API の公式サイト（https://openai.com/index/openai-api/）にアクセスします。ページ中央の［Sign up］❶から登録もしくはログインしましょう。

ログインが完了すると OpenAI documentation のページが開きます。ここからは ChatGPT を含む OpenAI が提供している数々のサービスについて詳しい説明を見ることができます。本書は主にビジネスでの使い方に着目した構成となっていますので、物足りなさを感じたり、自分でアプリケーションを開発する際にはこちらから資料を確認すると良いでしょう。API キーを発行するには［Dashboard］❷をクリックしてページを開きます。

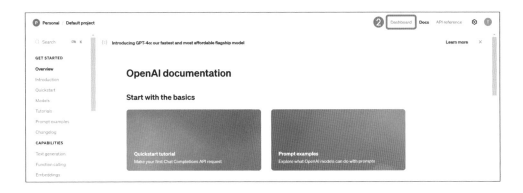

Dashboardのページ左側のメニューから [API keys] ❸をクリックします。続いて画面右上もしくは中央の [+ Create new secret key] ❹をクリックします。一度発行したAPIキーはこの画面で確認や管理ができるようになります。

[Create new secret key] ダイアログではキーの設定を行うことができます。[Create secret key] ❺をクリックすると遷移した画面にAPIキー❻が表示されます。このキーをコピーして入力することでAPIサービスが利用できます。

ChatGPT以外のLLMサービスを利用する

ChatGPT以外にも多くのLLMサービスがあります。ここでは比較的ChatGPTと並ぶような性能を持つAnthropicが提供するClaudeとGoogleが提供するGeminiを紹介します。

Claudeとは

ChatGPT以外のLLMサービスの1つにAnthropicが提供するClaudeシリーズがあります。最新モデルのClaude 3は、2024年3月にリリースされ、日本語にも対応しています。現在提供されているモデルは、「Haiku」と「Sonnet」、「Opus」の3種類があり、前者2つは無料で利用することもできます。Claudeシリーズは3登場時にGPT-4モデルを凌駕する性能があると発表され、実際にChatGPT-4oモデルが登場するまでは、レスポンスの速さやより人間に近い返答ができることなどが話題になっていました。

このClaudeシリーズを提供しているAnthropicはもともとOpenAIに所属していたダリオ・アモデイ氏をはじめとするメンバーが分離し立ち上げた企業であり、今後もLLMサービスを巡る開発競争は続くとみられるため、今後も同社から様々なサービスがリリースされることが期待されます。また、ClaudeはAmazonウェブサービス（AWS）でも提供されており、OpenAIのサービスに比べてコストが安いため、既にAWSを利用したインフラを構築している企業ではより利用しやすい環境にあります。

Claude を利用する

公式サイト（https://www.anthropic.com/claude）を開き、［Try Claude］❶をクリックします。

続いてメールアドレスを使ってアカウントを作成するか、Google アカウントを利用して登録します。メールアドレスを利用する場合は、アドレスを入力し［Continue with email］❷をクリックします。

登録したメールアドレスにログイン用コードが届きます。ブラウザに戻り [Paste login code] ③ へコードを入力し、[Continue with email] をクリックします。

次にSMSを受信できる電話番号を登録します。地域を [日本] に設定し、[Enter phone number] ④ に携帯電話番号を入力します。[18歳以上である] にチェックを入れて [Send Verification Code] ⑤ をクリックするとその番号宛に認証コードが届きます。

ブラウザに戻り、[Enter verification code] ⑥ へ認証コードを入力し、[Verify & Create Account] をクリックするとアカウントの作成が完了します。

続いて、[Enter your full name] へ名前を入力し、[Send] ⑦ をクリックします。

仕様ポリシーが表示されるので内容を確認してから [Acknowledge & Continue] ❽ をクリックします。

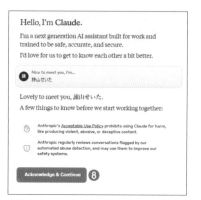

続いて使用上の注意点が表示されるので、こちらも内容を確認してから [Sounds Good, Let's Begin] ❾ をクリックします。

アカウントの作成と基本情報の登録が完了し、Claudeを利用できるようになります。ChatGPTと同様にプロンプトを入力して利用することができます。

Claudeの特徴としては、他の言語モデルと比べてより言葉遣いに人間の感情を表現することが上手く、自然な文章で回答が得られるという点があります。例えばビジネス以外の場面でもアドバイスをもらったり、APIを利用したアプリケーションに組み込むなどの活用が考えられます。

Effective Diet Meal Recommendations ˅

A ダイエットに効果的な食事を提案してください。

ダイエットに効果的な食事プランには次のようなポイントがあります。

1. 適切なカロリー制限 一般的に、1日の必要カロリー量から200~500kcal程度を控えめにするのが良いとされています。極端な低カロリーは逆効果です。

2.良質なタンパク質の摂取
タンパク質は満腹感を得やすく、筋肉維持にも役立ちます。畜肉、魚介、卵、豆腐、大豆製品などからタンパク質を摂ります。

3. 食物繊維の多い食品 野菜、果物、全粒穀物などの食物繊維が多い食品は、満腹感が続きやすく、健全な便通を促します。

4. 脂質の控えめな摂取 動物性脂肪や加工食品の脂質は控えめに。代わりにアボカドやナッツ類の植物油脂を適量摂ります。

5. 間食の工夫 お腹がすいた時の間食には、ナッツ、野菜スティック、プロテインシェイクなどを活用します。

6. 食事のペースと間隔 3食しっかり食べる以外に、数時間おきの小分けの食事でも良いでしょう。夜は控えめにする方が良いでしょう。

7. 十分な水分補給 水分が足りないと食欲が増す場合があります。こまめな水分補給を心がけましょう。

ダイエットは急がず、継続することが大切です。バランスの良い食事と運動を心がけましょう。

🗐 Copy ↺ Retry 👍 👎

Claude can make mistakes. Please double-check responses.

Gemini とは

Gemini は Google が提供する LLM サービスで、ブラウザで利用するだけでなく、スマートフォンアプリでも利用することができます。もともとは Bard というサービス名で提供されていましたが、モデル名と統一されました。使用できるモデルは Gemini 1.0 および 1.5 シリーズがあります。他の LLM サービスとの違いとして、Google が提供している検索サービスとの連携や Google Workspace のオフィスソフトとの連携が注目されています。

Gemini をブラウザで利用する

Google アカウントにログインした状態で、公式サイト (https://gemini.google.com/) へアクセスし、[Gemini と話そう] ❶ をクリックします。

利用規約とプライバシーを確認して [Gemini を使用] ❷ をクリックします。

続いて注意事項を確認して［続ける］ ❸をクリック
することで利用が可能になります。

Geminiのメイン画面が開いたら、ChatGPT同様にプロンプトを入力して利用することができます。

Gemini を Google AI Studio で利用する

Google AI Studio は開発者向けに最新モデルや API を提供しているサービスです。こちらも Google アカウントを持っていれば利用することができます。また、プロンプトの提供等もしているため、それを見られるだけでも価値があると言えます。利用するには公式サイト（https://ai.google.dev/aistudio）へアクセスし、［Google AI Studio にログイン］❶をクリックして、利用規約を確認してデベロッパー登録を行います。

Google AI Studio の画面が開いたら、トークンを消費しながら API を経由して Gemini モデルを利用することができます。左側のメニューでは API キーの発行や各種機能の選択を行い、右側の設定ではモデルや使用トークン数の確認ができます。こちらも ChatGPT 同様にプロンプトを入力して利用することができます。

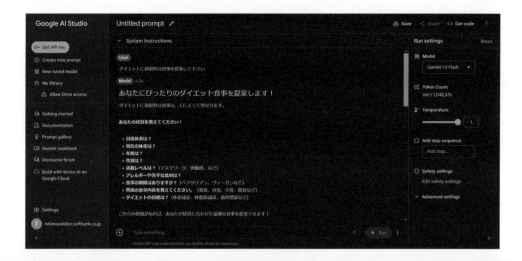

プロンプト共有サイトを利用する

ここではもっと積極的にビジネスで活用していくために、プロンプトを共有するメリットを解説し、おすすめの共有サイトを紹介します。

プロンプトの共有のススメ

IT業界が爆発的に発展している理由の1つとして知識の共有の文化という特徴があります。例えばGitHub上でのコードの公開や、生成AIの学習済みモデルでさえも商用利用可能なライセンス（オープンソースライセンスとも呼ばれます）でWeb上に公開され、ライセンスを守れば誰もが自由に利用することができます。これだけでなく、たくさんの技術記事やコミュニティが存在し情報共有も行われています。

このように自ら情報を発信し、そのフィードバックを受けながら全体の生産性を上げていく活動は、既存のビジネスでも積極的に取り入れていくべきだと考えられます。個人から部署、部署から社内、社内から社外とその共有を広げることでより大きな恩恵を受けられるようになるでしょう。これは生成AIにおけるプロンプト開発にも言えることであり、他人のアイディアを利用しつつ、より良いアイディアを発見したらそれを共有することで無駄を減らして価値の最大化を目指すことができます。このような開かれたコミュニティの1例としてプロンプト共有サイトがあります。

Prompt Style (https://prompt-style.tugikuru.jp/)

「生成AIで世界はこう変わる 」(SB新書)の著者である今井翔太さんが監修を担当しており、プロンプトの作成のコツ解説する記事も読むことができます。カテゴリやキーワードから検索を行うことができ、著者もプロンプトを提供しています。気に入ったプロンプトが見つかったら、ボタンをクリックすることですぐにChatGPTへ移動して試すことができます。また、自身でもプロンプトを登録することができ、コメント機能等を利用することでフィードバックをもらいより良いプロンプトの開発に利用していきましょう。

■ **本書のサポートページ**

https://isbn2.sbcr.jp/26792/

本書をお読みいただいたご感想を上記URLからお寄せください。
本書に関するサポート情報やお問い合わせ受付フォームも掲載しておりますので、あわせてご利用ください。

■ **著者紹介**

イサヤマ セイタ

新卒で大手銀行へ入行し、法人営業に従事。経営コンサルティング会社へ転職し、全国の中小企業のハンズオン支援を担当。その後、大手事業会社の経営企画部門にて事業投資や事業改善等に従事した後、現在はリスキリング事業を営むスタートアップの代表取締役として活躍中。

ChatGPT ビジネス活用アイディア事典

2024年 7月12日 　　　初版第1刷発行

著　　者 ……………………… イサヤマ セイタ
発行者 ……………………… 出井 貴完
発行所 ……………………… SB クリエイティブ株式会社
　　　　　　　　　　　　　 〒105-0001 東京都港区虎ノ門2-2-1
　　　　　　　　　　　　　 https://www.sbcr.jp/
印　　刷 ……………………… 株式会社シナノ

カバーデザイン ……… 山之口正和＋齋藤友貴（OKIKATA）
本文デザイン………… 清水かな（クニメディア）
制　　作 ……………………… クニメディア株式会社

落丁本、乱丁本は小社営業部にてお取り替えいたします。
定価はカバーに記載されております。

Printed in Japan　ISBN978-4-8156-2679-2